입학사정관제 X-파일

합격을 완성하는 마지막 1%

입학사정관제 X-FILE 파일

이병훈 · 한왕근 지음

매일경제신문사

　이 책은 많은 학생들과 학부모님들이 궁금해하고 있는 입학사정
관제 대비용 '프로젝트 아이디어 북' 입니다. 우리는 이 책에서 요즘
유행하고 있는 '공신(공부의 神)' 을 빗대어 '입사신(入査神: 입학사정
관제의 신)' 이라는 가상의 등장인물을 통해 입학사정관제에 대해 쉽
게 이해하고 준비할 수 있도록 풀어갔습니다. 그리고 뒷부분으로 가
면서 좀 더 전문적이면서도 구체적인 노하우들을 담았습니다. 학부
모님들과 학생들의 입학사정관제와 자기주도형 체험학습에 대한 관
심이 폭발하고 있는 요즘이기에 이 책이 여러 모로 많은 도움을 줄
수 있으리라고 생각합니다.

　이 책을 준비하면서 우리는 여러 경로로 입학사정관제에 대한 정
보를 수집하고, 합격생들을 인터뷰도 하고, 각 대학교의 입학사정관
님들도 만나보면서 입학사정관제에 대한 여러 가지 프로젝트들을

기획해 보았습니다. 또한 정부에서 입학사정관제를 의욕적으로 진행하고 있는 것도 사교육비를 줄이면서 학생 개개인의 창의적 열정을 기르기 위한 혁신적인 방안이기 때문에, 그런 선한 의지에 동참한다는 의미에서 이 책을 통해 보다 많은 학생 및 학부모님들과 우리의 정보 및 아이디어를 나누기로 마음먹었습니다.

이 책은 과거 족집게 과외와 같이 입학사정관제 전형에 대한 정답을 제시하는 것이 아니라 창의적인 열정과 아이디어를 구체화하는 방법론을 제시하려고 했습니다. 학생들에게 물고기를 주는 것이 아니라 물고기를 잡는 방법을 제시하려 한 것이지요. 우리나라의 수백만 학생들은 모두 다 다른 개성과 능력을 갖고 있습니다. 때문에 가장 멋진 자기주도형 학습 방법은 수백만 가지가 되어야 합니다. 그리고 이 책은 그런 멋진 시도에 방향을 제시하고 격려를 보내는 내용으로 구성되어 있습니다.

이 책은 모두 3부로 되어 있습니다.

　제1부의 상담 사례들은 실제 사례들 중에서 대표적인 것을 골라 정리한 것입니다. 다만 상담한 분들의 프라이버시와 기획안의 중복 등을 막기 위해서 실제로 상담한 분들에게 진행된 컨설팅과는 약간 다른 내용으로 구성되었고, 등장한 이름과 환경, 상황들도 가상의 것으로 대체되었습니다.

　제2부는 자기주도형 체험학습과 입학사정관제를 대비한 다양한 프로젝트들을 각 사례별로 정리한 것으로, 입학사정관제를 준비하는 학생이나 학부모님들이 구체적인 아이디어 개발과 기획을 위한 도구로서 활용이 가능할 것입니다.

　제3부에는 입학사정관제에 대한 각종 정보와 해설을 담았습니다. 이미 언론과 학교, 학원들을 통해서 자기주도형 학습과 체험학습, 입학사정관제에 대하여 많은 정보가 알려져 있지만 실제로 우리가

만나 본 학부모님들은 이해하기 어려운 단편적인 내용뿐이었다고 입을 모으고 있었습니다. 그래서 학부모님들이 특히 궁금해했던 내용들을 집중적으로 모아 보았습니다.

흔히 '구슬이 서 말이라도 꿰어야 보배' 라고 합니다. 맞는 말이기도 하고 틀린 말이기도 합니다. 왜냐면 굳이 꿰지 않아도 그 자체만으로도 귀중한 보배가 되는 구슬도 아주 많기 때문입니다. 현재 우리나라의 학생들은 여러 가지 학과목들을 잘 꿰어 공부해야 보배가 될 수 있기도 하지만, 때로는 자신이 좋아하고 잘하는 분야를 잘 갈고 다듬는 것만으로도 스스로 빛나 보배가 될 수도 있습니다. 그리고 그런 학생을 선발하는 전형이 바로 입학사정관제입니다.

우리는 학생들의 능력과 열정 그리고 가능성을 믿습니다. 앞으로의 미래는 창의적인 인재가 세상을 주도할 것입니다. 부디 이 책을 통해서 대한민국을 이끌 창의적이고 열정적인 미래의 인재들이 탄생하기를 기원합니다.

이 책을 만드는 데 큰 도움을 준 서정 Contents Agency의 김준호 대표와 매경출판 관계자 분들, 함께 해 준 가족들, 그리고 여러 부분에서 도움을 준 학부모님들과 학생들, 선생님들, 대학교 관계자 여러분들께 다시 한 번 진심으로 고맙다는 인사를 전합니다.

이병훈 · 한왕근

실전 입학사정관 프로젝트

제2부 자기주도형 체험학습 사례 31

제3부 입학사정관제 해설과 정보

실전 컨설팅 사례 모음

제1부

제1부에서는 초등학교 6학년 현수를 비롯해서 중학교 2학년 영주, 고등학교 1학년 병규의 실제 컨설팅 사례가 소개됩니다. 각기 특목고 입시의 '자기주도형 체험학습'과 대입 '입학사정관제'에 대비한 프로젝트를 위해서 입사신(入査神 : 入學査정관제의 神 - 필자들이 가상으로 설정한 입학사정관제 전문가)과 상담을 하는 형식으로 쉽게 풀었습니다.

이렇게 실제로 진행된 컨설팅을 모두 다 공개하는 이유는 단순하게 '입학사정관제를 위한 프로젝트'나 '자기주도형 체험학습'을 위한 아이템이의 이론적인 부분을 설명하기보다는 그런 프로젝트들을 직접 기획하는 방법을 발견할 수 있도록 하기 위한 것입니다.

내 고장을
전 세계에 홍보하기 프로젝트 I

이제 6학년이 되는 현수, 특목고를 거쳐서 명문대에 진학하고 싶은데….

입사신(入査神: 入학査정관제의 神)의 컨설팅은?

[상담 사례] 현수는 이제 막 6학년이 되었습니다. 5학년 때까지는 공부를 잘하는 수준이었습니다. 1년에 4번 치르는 중간, 기말 시험에서 한두 번은 반에서 2~3등 정도였다가 조금 공부가 부족하면 5등 아래로 떨어지기도 했습니다. 이렇게 오락가락하는 성적이 현수나 부모님의 가장 큰 걱정입니다. 물론 학원도 다니고 있기는 하지만 진학하려는 특목고에서 사교육을 하면 불이익을 준다고 해서 그것도 걱정입니다. 앞으로는 고입은 물론 대입까지 입학사정관제로 입

시가 바뀐다는데 어떻게 대처를 해야 할지 궁금합니다.

현수는 특목고에 가고 싶어요. 어떻게 해야 하나요?

현   수 안녕하세요. 입사신 선생님, 제가 공부를 잘하려면 어떻게 해야 하나요?

현수母 애는…. 그렇게 앞뒤도 없이 말씀을 드리면 어떻게 하니? 선생님 죄송합니다. 아이가 아직 어려서요.

입사신(입학사정관제의 신 이하 입사신) 하하하…. 아닙니다. 오히려 그렇게 하는 질문이 정확한 내용을 지적한 것입니다. 학생에게 제일 중요한 것은 공부를 잘하는 것이 아니겠습니까? 자~ 먼저 현수는 앞으로 어떤 사람이 되고 싶지?

현   수 저는요…. 아직 뭐가 되고 싶은 생각은 하지 않았는데요…. 그래도 고등학교는 좋은 학교에 가고 싶어요. 외국어고등학교나 과학고 같은 좋은 학교에 갔다가 서울대 같은 좋은 대학에도 가고 싶고요.

입사신 그렇군요. 아주 계획이 구체적이라서 좋습니다.

현수母 구체적이라고요? 외고를 목표로 하는지 아니면 과고를 목표로 하는지도 정하지 못했는데 구체적이라고 하는 것은 조금 아닌 것 같은데요….

입사신 아닙니다. 물론 아직 초등학교 6학년에 불과한데 지금부터 외고나 과고로의 목표를 정한다는 자체가 무리한 것일 수 있습니다. 그러나 지금의 나이라면 워낙 가능성이 다 열려 있는 상황이기 때문에 오히려 다양한 가능성을 두고 여러 가지 신나는 시도를 해보는 것이 좋을 겁니다. 그렇게 보면 현수가 지금 이 정도의 목표를 갖고 있다는 것만도 대단한 것입니다. 그렇지? 현수야….

현　수 네! 선생님. 제 친구들 중에서 외고나 과고에 대해서 생각해 본 친구들은 별로 없어요. 학원에서 과고반이나 외고반이라고 해서 반은 나눴는데, 아이들이 하고 싶은 순서로 정한 것이 아니라 그냥 학원 시험 성적으로 제일 점수가 좋으면 과고반, 그 아래는 외고반, 그 아래는 노력반으로 나눈 거예요.

특목고 준비를 하려면 지금과 완전히 달라져야 합니다

입사신 그렇습니다. 자, 한 번 생각해 보겠습니다. 초등학생이나 중학생들이 대부분 학원에서 수업을 받는데, 반 배정이 정말 희한하거든요. 현수의 말처럼 학원 시험을 치러서 점수 순서대로 과고반, 외고반, 일반반 그렇게 나누거든요. 하지만 외고에 갈 학생과 과고에 갈 학생은 앞으로 입시 방향이 달라지기 때문에 일률적으로 성적에만 맞추어서 줄을 세우는 것이 이제는 불가능하게 됐습니다. 그런데도 학부모님들은 아직도 어떻게 해서라도 윗반에서 공부할 수 있도록 별도로 공부를 시키는 경우까지 있는 것을 현수 어머님도 잘 아시지요?

　현수母 그런데 그런 것과 지금 컨설팅을 하는 것과 무슨 상관이 있나요?

　입사신 아주 중요한 부분입니다. 최근에 외고와 국제고의 입시제도가 바뀌었습니다.　한마디로 학원과 같은 사교육의 성과물은 하나도 인정하지 않겠다는 것입니다. 다만 내신의 영어 성적만은 고려하고, 면접으로 2단계 전형을 진행한다는 것입니다. 현수나 현수어머님도 특목고 입시제도가 어떻게 바뀌었는지 이야기는 들으셨죠?

　현수母 학교나 학원에서 그러던데, 자기소개서와 학습계획서를 잘 써야 하고, 면접이 중요하다면서요?

　입사신 네, 맞기는 맞는데 또 전혀 틀린 내용을 알고 계신 겁니다. 우선 기본적으로 영어 내신 성적을 평가합니다. 그런데 성적을 9등급으로 나누어 판단하기 때문에 전체적으로　공부를 어느 정도 잘하는 학생이라면 1단계 평가는 통과할 수 있습니다. 그렇지만 진짜 평가 내용은 자기소개서와 교사추천서에 담기게 될 '자기주도형 학습' 경험과 봉사, 체험활동 보고서 및 독서 경험의 중요성 입니다. 그리고 그런 내용들을 기초로 하여 면담을 하게 됩니다.　이제 또 한 가지 질문을 하겠습니다. 현수야, 자기주도형 학습이 무엇인지 아니?

　현　수 글쎄요…. 자기가 스스로 하는 학습 경험을 말하는 건가요?

입사신 오! 정답!

현수母 그런데…. 자기가 스스로 하는 학습이 뭔가요? 학원에서 받은 수업 말고 혼자 하는 공부하고 또 문제도 풀어보는 그런 학습을 말하는 건가요?

입사신 오호! 이런~. 모자 두 분이 연속 정답을 말씀하셨습니다. 맞습니다. 학원이나 기타 사교육에서 지도 받지 않고, 학생이 스스로 목표를 세워서 학습을 하는 것을 자기주도형 학습이라고 합니다. 앞서도 말씀드렸지만 특목고 입시의 1단계 평가인 영어 내신성적의 반영도 9등급으로 판단하기 때문에 사실상 당락은 제출한 학습계획서와 교사추천서에 의한 면접 점수로 결정됩니다. 학습계획서에는 자기주도형 학습 경험과 봉사, 체험활동 및 독서 경험에 대한 내용이 들어가는데 교사추천서에도 비슷한 내용이 들어갑니다.

그런데 자기주도형 학습과 체험활동은 이제까지 아무도 지도해 본 일이 없는 분야이기 때문에 학부모나 학교, 학생은 물론 학원들조차 당황할 수밖에 없습니다. 겨우 할 수 있는 것이 독서지도 정도이니 답답할 수밖에 없지요.

자기주도형 학습을 시작합시다

현 수 선생님, 자기주도형 학습을 하려면 어떻게 해야 하는 건가요?

입사신 그러기에 앞서서 우선 현수가 과연 외고를 가려는 이유부터 한 번 들어볼까?

현　수 공부 잘하는 친구들은 다 외고에 가려고 해요…. 아주 잘하면 과고에 가고요….

현수母 외고가 아무래도 명문대를 많이 보내잖아요. 공부 잘하는 학생들이 모여 있기 때문에 아무래도 공부하는 분위기도 더 좋을 것이 분명하고….

입사신 아이고…. 이러면 안 되는데. 현수야. 그렇게 생각하면 자기주도형 학습이 되지 않는단다.

현　수 왜요?

입사신 자기주도형 학습은 기본적으로 학생이 스스로 목표를 세우고 계획을 하여 실행을 하고 스스로 평가를 한 뒤, 다시 새로운 계획을 세워보는 거야. 그리고 그렇게 어려운 과정의 학습을 스스로 해야 하는데, 만일 외고라는 학교에 대한 정보나 확신이 없는 상태에서 단순히 공부 잘하는 친구들이 가는 학교가 외고라서 나도 간다는 것이라면 어렵지.

현수母 저는 현수가 수학보다는 사회나 국어를 더 좋아해서 이과 학생은 아니라고 생각하는데…. 이렇게 생각하는 것이 잘못된 것은 아니지요?

입사신 물론이지요. 초등학생에게 완벽한 적성을 따지는 것보다는 그 정도로 판단하는 것만으로도 충분할 것입니다.

현　수 선생님 자기주도형 학습과 체험활동을 해야 하는데 어떻게 해야 하나요?

입사신 자기주도형 학습에 대해서는 앞에서 조금 말씀드렸죠?

현수母 스스로 계획을 세우고 실행하고 평가하는 과정을 하는 것 말이죠?

현　수 그런데 뭘 어떻게 스스로 한다는 건가요? 그것 참 어렵네요….

입사신 와~ 아주 정답만 말하네…. 무엇을 해야 할까를 결정하는 것이 제일 중요한 점이지….

현　수 그럼 제가 뭘 하면 되나요?

입사신 현수가 지금 해야 하는 것은 영어 공부를 하는 것이지. 그렇다면 혼자서 영어 공부를 하면 되겠지?

현　수 영어는 지금 학원에서 공부하는데 혼자서 공부한다면…. 히히히. 일단 학원은 가지 않아서 좋겠다.

현수母 참 문제예요. 입학정책만 바꿔놓았지 도대체 대책이 없어요. 아이들은 학원가지 않아서 무조건 좋다고만 할 테니, 엄마들은 어떻게 해야 할지….

입사신 하하하, 학생들만 아주 신나게 됐네요. 이번 입시제도는 어찌 보면 학생들이 신나게 놀 수 있도록 하는 것이 주목적인 거예요. 현수가 말한 것이 정답입니다. 어때? 현수야? 신나지?

현　수 네!

입사신 영어로 신나게 놀면서 공부 할 수 있는 방법을 한 번 찾아봅시다. 현수야, 너 영어 공부는 얼마만큼 했니?

현수母 현수가 학원에서 중학교 2학년 영어 과정까지 했어요.

입사신 와~ 대단하네요…. 그러니 자연스럽게 외고를 지망한다는 말도 나오겠네요…. 현수야, 그럼 영어로 시험 보는 것 말고 혹시 회화도 어느 정도 하니?

현 수 아니요…. 회화는 별로…. 그래도 영어 공부를 몇 년째 해서 그냥 몇 마디 말은 할 줄 알아요.

입사신 오! 그거 좋네…. 어학은 자신감을 찾는 것이 제일 중요하지. 현수는 지금 사는 곳이 어디지?

현 수 수원인데요….

입사신 아! 빙고! 수원은 역사적인 도시이지? 그렇다면 이런 것은 어떨까? 수원은 역사적인 도시이니까 유적지도 많겠지. 유네스코 세계유산인 화성도 있고 유적들이 아주 많은데 그런 유적지들을 활용해서 영어 공부도 체험학습도 동시에 하면 어떨까?

현 수 네? 어떻게 유적들을 이용해서 영어공부를 하죠?

입사신 영어 공부를 할 수 있지. 유적지에 가보면 안내판들이 있지? 그 안내판들은 한글과 영어로 되어 있어. 그 안내판들을 찾아가서 내용을 정리해 보는 거야.

현수母 그런 안내문으로 뭘 하려는 건가요?

입사신 블로그를 만들어 보는 것이지요. 사진을 찍어 블로그에 올리고 영어로 된 설명을 적어 놓는 것이지요. 그리고 그 아래에는 각 유적지의 안내문을 일일이 다 번역을 해 함께 게시하면 더욱 좋고요. 그런데 영어가 아직은 많이 부족하니까 처음에는 안내판에 같이 적혀 있는 영어 내용을 베껴보는 것도 방법입니다.

요즘 대부분의 지방자치단체들은 자기 지역의 관광 활성화를 위해서 내국인과 외국인을 위한 안내사이트를 함께 운영하고 있습니다. 이 사이트를 참고해서 영문 안내글을 만들어 봐도 좋고요. 그런데 재미있는 것은 그런 사이트에 나와 있는 내용과 막상 유적지나 관광지에 설치된 게시판의 내용이 같지 않다는 것입니다. 비교해 보면 현지에 설치된 안내판 내용, 특히 영어로 표기된 안내문들 중에서 잘못 된 것들이 적지 않게 있습니다. 그런 내용들을 다 정리해서 블로그에 올리고 관계기관에 수정을 요청하고 언론에도 제보하면 아주 멋진 결과물이 될 수도 있습니다.

현 수 요즘 아이들 중에서 미니홈피를 운영하는 친구들이 좀 있는데…. 대부분은 그냥 자기 셀카 사진을 올리고 그러는데 그렇게 교과서에도 나와 있는 내용을 올리면 확실히 다르기는 하겠네요. 그런데 그렇게 하면 입학사정관님들이 평가를 해 주실까요?

입사신 그럼 당연히 그렇지…. 이런 자기 고장의 유적지와 관광지에 대한 포스팅을 하는 목적이 분명해야 하겠지? 그 목적은 바로 전 세계를 대상으로 우리 고장을 홍보하기 위한 목적이야. 멋지지 않나? 전 세계를 대상으로 내 고장을 알린다는 그 큰 뜻 말이야. 게다가 자기 고장에 대한 블로그를 만드는 것은 방학 때 '자기주도형 과제'를 하는 것으로도 쓸 수 있기 때문에 여러 모로 쓸모가 많지.

입사신 자~ 이제 또 한 가지를 생각해 봅시다. 영어를 공부한다는 것이 꼭 문법을 공부하고 공인 영어시험 점수를 얻어야만 하는 것은 아니지요. 또 정부에서 이번에 만든 입시안의 본뜻도 이런 것이라고 생각하기 때문에 가능한 거죠.

현수母 그런데요, 토플이나 텝스 같은 점수로 영어 실력을 확인하면 되는데 왜 이런 체험학습이나 자기주도형 학습 내용으로 평가하는 건가요?

입사신 영어는 아주 단순한 도구에 불과합니다. 단지 사람과 사람 사이의 커뮤니케이션 도구일 뿐입니다. 영어 그 자체가 어떤 가치를 지니고 있는 것이 아니라 영어를 통해서 무엇인가 다른 가치가 만들어질 수 있다는 것뿐이지요. 바로 이런 점에서 학생 스스로가 생각하고 활동하는 자기주도형 학습이나 체험학습이 절대적으로 필요한 것입니다.

토익보다는 좀 낫다고 하는 텝스도 그렇고 토플 점수가 아무리 높아도 실제로 영어를 잘 활용하는 사람이 그리 많지 않습니다. 그 이유 중에 하나는 필요가 없어서입니다. 시험 점수 말고는 도무지 사용할 필요가 없으니 영어점수와 사용능력이 따로 놀게 되는 것은 낭비입니다.

만약 현수가 꾸준히 자기가 사는 지역의 유적들에 대해서 영어로 정리하는 작업을 하고, 그 작업의 내용이 인터넷 블로그로 만들어진다면 우선 현수에게 자기가 사는 고장의 역사와 지리에 대한 지식이 쌓이게 되는데, 그 실력은 영어로 구성이 됩니다. 게다가 아주 중요한 것은 꾸준히 진행하는 것입니다. 이런 프로젝트는 일찍 시작해서 중학교 3학년을 지나 고등학교 3년까지 관통하는 프로젝트가 되면 아주 훌륭한데, 그렇게 되면 고입뿐만 아니라 대입에도 엄청난 실적으로 활용 될 수 있을 것입니다.

현　수 와~ 6년 동안 블로그를 운영하면 방문자수도 그렇고 내용이 엄청나겠다….

입사신 바로 그런 점이 중요합니다. 창의성과 인내심, 끈기가 있는 인재를 현대사회는 요구하고 있고, 명문 고등학교나 대학교에서도 그런 인재를 원하고 있기 때문에 사교육에서는 결코 도와줄 수 없는 자기주도형 학습과 체험이 필요한 것이지요.

현　수 그런데 선생님…. 그런 단순한 일을 오래 할 수 있나요?

입사신 하하하…. 그렇죠…. 그 활동이 단순히 고등학교를 가기 위한 것이라고만 생각하거나 대학에 진학하는데 도움이 되기 때문에 하는 일이라면 오랫동안 지속하는 것은 불가능할 것입니다.

가족과 친구들이 함께하는 신나는 자기주도형 체험학습!

　입사신 자~ 이제 신나는 체험학습이 자기주도형 학습으로 연결되는 방법을 구체적으로 찾아보자고.

　현　수 선생님께서 말씀해주신 대로 수원지역의 여러 유적지를 다니면서 사진을 찍고 안내문 영어로 블로그에 올리는 것을 하면 좋을 것 같기는 한데…. 그거 하다 보면 정말 지겨울 것 같은데…. 재미있게 할 방법이 없을 까요?

　입사신 단순하게 안내문을 영어로 옮기기만 하면 재미없겠지요. 몇 번만 해보면 스스로 내용을 만들 수 있게 될 텐데…. 중요한 것은 역시 '커뮤니케이션' 입니다. 블로그를 혼자서 하는 것은 정말 힘들고 재미없습니다. 그렇지만 다른 사람들과 함께 교류하면서 진행하면 재미가 있습니다. 이 프로젝트는 가족과 함께 시작하면 좋습니다. 현수네는 가족이 어떻게 되나요?

　현수母 현수 여동생이 4학년이고요, 엄마 아빠와 같이 살고 할머니가 근처 동네에 사세요.

　입사신 그러면 말입니다. 먼저 온 가족이 함께 모여서 회의를 하는 것으로 시작을 해보세요. 인터넷에서 수원시 관광 사이트를 찾아서 유적지나 관광지에 대한 기본적인 정보를 확인하고 2~3주에 한 번씩 가족이 함께 수원의 문화 유적지를 찾아서 사진을 찍고 조사를 하는 것입니다. 그냥 사진만 찍으면 심심하니까 할머니와 여동생을 모델로 하여 스토리텔링도 한 번 짜 보고요.

　현　수 스토리텔링이요? 그게 뭔데요?

　입사신 그건 말이야. 사진을 찍을 때 이야기를 꾸며 보는 거야. 유치원 때나 초등학교 저학년 때 그림 몇 장으로 이야기 만들기 놀이를 해 보았지? 바로 그거야. 예를 들어서 수원 화성의 장안문을 그냥 사진만 찍지 말고 할머니와 여동생이 같이 손을 잡고 돌아보는 내용으로 사진을 찍는 것이지. 온 가족이 함께 하는 체험 활동을 보면 입학사정관들이 아주 좋다고 판단할 거야. 이런 내용 구성은 블로그들을 찾아보면 참고할 만한 것들이 많이 있지.

　현　수 그러네요. 일요일에 아빠랑 같이 다니면 편하게 차로 다닐 수도 있고 맛있는 밥도 먹고…. 신난다!

　입사신 바로 그거야! 재미있겠지? 그리고 조금 더 발전을 해 볼까? 이런 블로그를 만들면 누가 보면 될까?

　현　수 영어로 만든 블로그라면 외국인들이 볼 수 있는 블로그네요. 미국이나 영국 등등.

　현수母 외국인들이 볼 수 있는 것은 맞는데, 그렇다면 외국인들에게 어떻게 알려줄 수 있을까요? 이게 문제네요.

　입사신 현수 어머님은 기억하실 지도 모르겠는데요, 〈선데이 서울〉 같은 주간지에 광고가 나던 '펜팔' 이라고 생각나십니까?

　현수母 '펜팔' 이라고요? 그거 옛날에 했던 것이 아닌가요? 요즘에도 다른 나라와도 펜팔을 하나요? 이메일로 하는 건가요?

입사신 아닙니다. 요즘도 국제 펜팔이라고 하면 예쁜 편지지에 써서 우편으로 하는 경우가 아주 많습니다. 물론 이메일도 사용하지요. 인터넷 포털들에 가보면 펜팔 전문 카페들이 있거든요. 그 카페에 가입하면 해외의 펜팔 상대들도 소개해 주는 것은 물론이고, 펜팔 편지에 쓸 수 있는 편지 내용도 많이 얻을 수 있습니다.

현 수 와~ 재미있겠네…. 그런데 영어로 편지를 쓰는 것이 어렵지 않나요? 저는 아직 편지를 쓸 정도로 영어를 잘 하지 못하는데요.

입사신 그래서 펜팔 카페에서 활동을 해 보라는 거야. 그 카페에 가보면 편지를 쓰는 방법에 대해서 여러 가지 모양으로 다 자료가 있지. 그리고 어려우면 다른 회원들에게 도움을 부탁할 수도 있고.

현 수 일단 블로그에 내용을 어느 정도 만들어 놓게 되면 외국 사람들에게 내가 사는 고장인 수원도 홍보할 수 있고 외국의 친구들도 사귈 수 있을 것 같은데요! 아, 그런 방법도 있구나.

입사신 자~ 너무 감격하지는 마시고…. 그런데 말입니다. 여기다가 또 더해서 멋지게 만들 방법이 또 있네요. 한 번 영어로 된 블로그나 사이트에 들락날락 하다보면 영어로 만든 사이트에 익숙해져서 트위터 같은 매체도 영어로 익숙하게 사용할 수 있게 될 것입니다. 그렇게 되면 펜팔이나 다른 나라 블로그를 통해서 만난 사람들에게 현수의 수원 홍보 블로그에 업데이트가 되는 것을 실시간으로 알려 줄 수도 있게 될 겁니다. 현수도 트위터 알지?

현 수 네? 트위터에 대해서 이야기는 들은 것 같은데 사용해보지는 않았는데요.

입사신 그렇군. 그건 그리 급한 것은 아니니까. 상관없지. 다만 꼭 기억하고 있다가 사용해 보라고. 그런데 수원 화성 홍보하기 블로그를 통해서 영어 학습을 하는 것은 좋은데 봉사나 체험, 리더십에 대한 활동을 할 수는 없을까?

현 수 네? 블로그로도 리더십이나 봉사활동을 할 수 있다는 건가요? 희한하네요.

입사신 자~ 이제 다시 한 번 입학사정관제와 자기주도형 체험학습에 대해서 살펴보면 아주 중요한 부분이 나옵니다. 바로 리더십에 대한 것입니다. 미국의 경우를 봐도 그렇고, 지금까지 몇 차례 진행된 대입 입학사정관제에서 살펴보면 '리더십'과 '사회적인 활동'에 심사의 많은 부분을 배정하고 있습니다. 그런데 우리나라에서는 리더십이라면 반장, 부반장, 회장과 같은 것만 생각하지요?

그런데 그런 관제(官制) 리더십은 그다지 평가 받기 힘듭니다. 만들어진 자리에 낙하산처럼 들어간 리더십이다 보니 별 볼일이 없다고 할 수도 있습니다. 그 대신 가장 높게 평가하는 리더십은 스스로 만들어 낸 리더십입니다.

현수母 그런데 어떻게 블로그 프로젝트를 하면서 리더십을 발휘할 수 있다는 건가요?

입사신 아주 간단합니다. 다른 친구들과 같이 하면 됩니다. 어느 친구는 사진을 주로 찍고, 어느 친구는 블로그에 올리는 것을 주로 하고, 또 다른 친구는 외국의 친구들에게 편지를 주로 보내는 것을 하고…. 그렇게 여러 사람이 함께 작업을 하면 아주 멋진 블로그 프로젝트가 되지 않겠습니까?

현　수　맞다. 내가 이런 것을 한다고 하면 내 친구들 중에서 같이 하겠다는 애들이 많을 거예요.

입사신　그러기 위해서는 먼저 가족과 함께 블로그를 잘 운영해 보고, 그 다음에 그 결과물을 놓고 다른 친구들을 합류 시키면 자연스럽게 프로젝트가 업그레이드되겠지요. 현수 한 사람보다는 더 많은 친구들이 합류하게 되면 더 멋진 아이디어가 나와서 블로그가 아주 탄탄해질 것이야. 현수가 이렇게 하나하나 발전하다 보면 얼마 지나지 않아서 전국, 아니 전 세계적으로 아주 유명한 블로거가 될 겁니다. 현수야, 나중에 유명해질 때를 대비해서 미리 사인 좀 해 주겠니? 하하하….

현수母　정말 감사합니다. 그리고 입시요강을 보면 내신 영어 성적으로 1차 평가를 해야 한다고 하는데 어떻게 하면 좋을까요?

입사신　네~ 마지막으로 그 점이 남아 있군요. 이런 프로젝트를 신나게 하고 있다면 영어 학원에서 공부하는 것이 그다지 문제가 되지 않을 것입니다. 원칙적으로 영어가 독학으로 다 될 수 있는 성격의 과목은 아니거든요. 그런데 그동안에는 학원과 같은 사교육에만 의지해서 공인 영어점수 만들기에 급급했기 때문에 문제가 된 것이지 현수처럼 자기주도적 학습과 활동을 하는 상황에서 학원에서 수업을 받는 것은 별로 문제가 되지 않을 것입니다.

면접때 입학사정관님이 사교육에 대해서 물어본다면 이렇게 당당하게 대답해도 됩니다.

"제 트위터에 팔로우 되어 있는 전 세계의 친구들에게 우리의 자랑스러운 유산인 수원 화성을 알리기 위해서 영어 블로그를 만들어 운용하고 있습니다. 그런데 영어공부가 부족해서 영어로 쓴 내용이 부실하다면 국가적인 망신이라고 생각합니다. 그래서 제가 할 수 있는 최고의 영어를 공부해서 사용할 수 있도록 영어를 공부하고 있습니다."

어때요? 멋진 대답이지요! 현수는 중학교 3학년만 되면 아마 전 세계 수십 개 나라의 친구들과 트위터와 블로그를 통해서 교류를 하고 있을 것으로 생각하고 싶은데…?

현 수 와~ 재미있겠다. 꼭 내가 기자가 된 것 같은데요. 열심히 영어공부를 해서 내용을 내가 직접 영어로 쓸 수 있도록 해야지…. 엄마도 도와주실 거죠?

현수母 당연하지. 현수야. 열심히 하면 해외연수 몇 달 보낸 것보다도 더 대단한 국제 교류를 하는 현수가 될 것 같습니다. 선생님 감사합니다.

입사신 네, 부디 좋은 결과가 있기를 바랍니다. 현수, 파이팅!

영화/드라마 번역 프로젝트
나만의 영어 참고서 만들기 프로젝트

이제 중학교 2학년이 되는 영주, 외고 시험을 치르고 싶은데…. 입사신의 컨설팅은?

[상담 사례] 영주는 중학교 2학년이 됩니다. 영주는 지난 1년간 외고를 목표로 학원에서 영어를 집중적으로 공부했고, 학교 내신성적도 열심히 관리해서 학급 1~3등 이내의 성적으로, 등급으로 치면 1등급에 속하는 우수한 학생입니다. 그런데 이번에 외고의 입시안이 갑작스럽게 변경되면서 어떻게 해야 할지 도무지 알 수가 없게 된 입시의 현실이 갑갑하기만 합니다. 영주는 어떻게 해야 할까요?

바뀐 전형 방법을 어떻게 이해해야 하나요?

입사신 학생은 어떤 것이 궁금한가?

영 주 저는 지금 중2에 올라가는 여학생인데요. 외고에 가고 싶어
서요. 그런데 이번에 입시 제도가 바뀌었다고 하는데 신문기사를
읽어봐도 도무지 어떻게 해야 할지 알 수가 없어서 선생님을 찾아왔
어요.

입사신 외고를 준비하고 있었다니 영어공부를 상당히 해 왔겠는
걸? 영어를 전공으로 생각하고 있니?

영 주 네, 영어를 전공으로 하려고 공부해 왔고 학교에서 하는 제2
외국어는 일본어를 하려고 해요. 지난 1년 동안 열심히 영어공부를
했더니 토플은 85점이고요, 텝스는 750점 정도 되요.

입사신 와! 엄청나게 영어공부를 했군. 정말 높은 점수네….

영 주 아니에요. 제가 다니는 학원에서 저보다 점수가 더 좋은 학
생들도 많아요. 그런데 선생님, 제가 걱정이 되는 것은, 그동안 학원
에서 영어공부를 해 왔기 때문에 자기주도형 학습을 제대로 할 수 있
을 지 정말 걱정이에요. 자기주도형 학습을 한다는 것은 학원 수업
없이 혼자서 공부하는 것을 말한다는데, 영어공부가 그렇게 해서 되
는 것인지 모르겠어요. 그동안 한 번도 하지 않았거든요.

입사신 혼자서도 공부할 수 있는 것이 영어라는 과목이거든. 물론
그렇다고는 해도 영어 공부가 어떤 목표를 갖고 공부하느냐에 따라

다르겠지. 우리나라에서는 영어공부를 한다면 토플이나 텝스와 같은 영어시험점수가 1차적인 목표가 되거든. 여기서 내신은 그다지 중요한 내용으로 치지 않는데 그건 학생들이 워낙 외부 영어시험 공부에 전적으로 매달리다 보니 수준이 높아져서 웬만한 학교 내신 시험은 거의 만점을 받기 때문이야.

그런데 이제는 영어 내신성적이 1단계 전형 요소가 되어버렸기 때문에 학생들 사이에서 경쟁이 엄청나 지겠지. 그 다음 2단계 전형에서 자기주도형 학습과 봉사, 체험학습 내용에 대한 평가를 할 것이고….

영　주 제 주위에서 학원에 다닌 친구들은 영어 내신 점수가 거의 만점이거든요. 그래서 별로 걱정하지 않았는데….

입사신 보통 학교 영어 내신 시험을 보면 한 반에서도 2~3명은 만점을 받잖니? 학원을 다니지 않거나 유명 학원이 아닌 집 근처에 있는 작은 공부방을 다니는 학생들도 열심히 하면 만점을 받을 수 있고 말이야.

그렇게 되면 외고를 지원하려는 학생들이 확 늘어나겠지? 결국 자기주도형 학습과 체험학습, 봉사활동의 내용과 수준에 따라서 외고와 국제고에서 원하는 학생들을 선발하게 될 것으로 보이지.

영　주 영어 점수가 중요해지면 학교에서 영어 시험을 어렵게 출제하지 않을까요?

입사신 그렇게 되면 두 가지를 생각해보면 되겠지. 요즘 정부에서 이런 방식의 입시제도를 만든 이유가 사교육을 막기 위한 것이거든. 그래서 단순한 점수가 아니라 9등급에 의한 등급제로 평가하고 말이야. 등급제란 전체 학생들 중에서 상위 4%, 11% 등으로 나눈다는 것이기 때문에 굳이 1~2점 차이로 학생들을 줄 세우지 않아도 되거든….

그리고 아무리 학생들이 영어공부에 올인을 한다고 해도 선생님들이 문제 출제 때 학교 수업시간에 강조한 부분을 중심으로 출제를 한다면 등급을 나눌 정도의 문제 수준을 그렇게 높일 필요는 없지.

영　주 그러면 학원의 반 편성 시험 수준의 어려운 문제는 나올 일이 없다는 것이군요.

입사신 그렇지. 결론적으로 영어 내신시험 점수는 스스로 영어 공부를 하는 것만으로도 충분히 좋은 등급을 받을 수 있단다. 중요한 것은 자기주도형 학습의 내용과 체험 활동, 봉사활동이니 이 부분에 관심을 갖고 머리를 짜내는 것이 중요하단다.

영 주 그게 문제예요. 자기주도형 학습이라고는 전혀 해본 일이 없는데 어떡해요?

입사신 하하하…. 그렇지. 자기주도형 학습을 학원에서 가르쳐 줄 일도 없을 테고 말이야. 자, 그러면 영주는 자기주도형 학습을 어떤 것이라고 생각하고 있는지 한 번 구체적으로 말해 볼까?

영 주 뭐…. 스스로 영어 공부 계획을 세워서 하는 학습이라고 하면 되나요? 이 정도 말고는 더 생각한 것이 없어요.

입사신 그게 정답이야. 잘 생각하고 있네. 다만 더 구체적인 방법을 찾기만 하면 되니 70%는 알고 있는 것이네. 자, 한 번 생각해 보자. 자기주도형 학습을 한 것을 확인할 수 있는 방법이 필요해. 어떻게 공부하느냐도 중요하지만 더욱 중요한 것은 결과물이지. 차라리 결과물을 미리 생각해 놓고서 그 결과물에 맞는 공부와 준비를 하는 것이 이번 입시안에 더 정확하게 접근하는 방법일 수도 있지.

영 주 그런데 토플이나 텝스 같은 점수도 인정하지 않는데 어떤 것을 결과물로 내놓을 수 있을지 도무지 생각이 나지 않네요.

입사신 하하하…. 그렇군. 아마 그 문제를 풀어 내는 것이 이번 입시 경쟁에서 이기는 지름길이겠지. 그냥 무슨 영어 책을 읽었고, 영어로 회화를 할 수 있고…. 이런 정도로 자기주도형 학습을 했다고 하면 입학사정관님들이 일일이 등급을 결정할 수는 없겠지. 또한 면접 때 영어 면접을 했다고 하면 그것만으로도 논란이 생길 수 있으니 가능하면 직접 눈에 보이는 결과물을 만들어 보는 것이 정답일 거야.

본격적으로 시작하는 자기주도형 예체능 체험학습
– 영어 번역 프로젝트

영 주 직접 보이는 결과물이요? 그게 뭔데요?

입사신 자~ 그럼 이렇게 한 번 물어볼까? 영주는 영어 공부를 하면서 제일 재미있던 일이 무엇이지? 아주 어렸을 때를 포함해서 말이야.

영　주 어렸을 때라면 초등학교 1~2학년 때도 포함되나요?

입사신 그렇지. 물론….

영　주 그러면…. 저…. 연극이나 노래, 춤을 아주 좋아하거든요. 생각해보면 어렸을 때 영어회화 몇 마디로 짧은 영어 연극을 했던 것이 기억이 나는데요.

입사신 오! 아주 좋아…. 그런 경험도 멋진 결과물이 될 수 있지….

영　주 에이~ 정말요? 6년 전에 영어 연극을 한 것이 어떻게 자기주도형 학습의 결과물이 될 수 있어요?

입사신 하하하…. 그건 조금 있다가 이야기하기로 하고, 그러면 이번에는 영주가 읽은 책 중에서 혹시 영어로 된 책이 있었나?

영　주 영어로 된 책이라면 학원에서 의무적으로 읽으라고 해서 읽은 책 중에서 《오만과 편견(Pride & Prejudice)》이 제일 재미있었어요.

입사신 그래? 내용이 뭐였지? 나는 읽어보지 않아서 잘 모르겠는데?

영　주 아니, 갑자기 왜 그런 내용을 물어보시는 거예요? 혹시 영어 원서를 읽은 것을 결과물로 하시려는 거예요? 그런 것이라면 학원에서 벌써 다 말해줬어요….

입사신 하하하…. 그렇구나. 그렇지만 틀렸는데…. 영어로 된 책을 읽은 것은 아주 좋은 자기주도형 학습 결과물 중 하나이겠지. 때문에 별로 차별화가 되지 않을 것이야. 다들 하는 것이니까.

영　주 어? 그럼 왜 물어보신 거예요?

입사신 난 영화〈오만과 편견〉도 봤냐고 물어보려고 했어.

영　주 영화〈오만과 편견〉이요? 아니요? 못 봤는데요. 그 영화 재미있어요?

입사신 아니, 별로…. 내가 즐겨보는 장르가 아니라서 난 별로 재미없었어. 그렇지만 아마 영주에게는 무척 재미있을 영화야.

영　주 왜 갑자기 영화 이야기를 하세요?

입사신 영주야. 영화 자막은 어떻게 만들어지는지 아니?

영　주 아니요, 이번에는 자막?

입사신 크게 두 가지로 나뉘는데, 한 가지는 영화 대본을 갖고 1차 번역을 한 뒤에, 영화를 보면서 다듬는 방법이 있어. 또 한 가지는 대본 없이 영화를 보면서 번역을 한 뒤, 나중에 대본과 대조하면서 마무리하는 법이 있지. 이렇게 하는 이유는 영화가 사람들의 일상적인 대화를 화면에 옮긴 것이기 때문에 글로 써놓은 대본과 화면에 나온 대사와 느낌 차이가 있기 때문이란다.

영　주 아! 그렇다면 영화 번역 작업을 해 보라는 것인가요?

입사신 그렇지. 영화 번역은 아주 오래된 영어 공부방법이란다. 20~30년 전에도 쓰던 방법인데 그때는 화면도 없이 카세트테이프로소리만 들으면서 영어 회화를 공부했지. 지금으로 말하면 MP3 파일만 들으면서 영어 공부를 한 것과 마찬가지로군.

영　주 그런데, 그거 다 번역이 되어 있지 않나요? 그런데 그게 어떻게 공부를 한 결과물이 되나요?

입사신 자, 한 번 생각해 보자. 이 공부법은 아주 많은 세부 장르로 발전될 수 있어.

1차 프로젝트 영한(英韓) 번역
1. 영한 대역 대본이 있는 영화를 번역하면서 경험 쌓기
2. 대역 대본 없는 일반 영화 번역해 보기
3. 영화에서 주로 사용되는 영어 표현과 문장들 정리해 보기

2차 프로젝트 한영(韓英) 번역
1. 대본이 있는 우리나라 드라마 영어로 번역해 보기
2. 대본 없이 우리나라 드라마 영어로 번역해 보기

3차 프로젝트 만화 번역으로 봉사활동 하기
1. 유·소아용 만화/영화/TV프로그램 번역해 보기
2. 쉬운 영어 표현이 들어있는 유·소아 프로그램으로 공부방 어린이들에게 영어 교습
　하기

영　주 와! 대단하네요. 이거 다 하려면 몇 년은 걸리겠는데요?

입사신 그럴 거야. 그렇지만 꼭 이 순서대로만 해야 하는 것은 아니

니까 바로 3차 프로젝트를 진행해서 봉사활동과 체험학습, 자기주
도형 학습을 동시에 할 수도 있겠지.

　영　주 선생님, 구체적인 방법을 조금 더 설명해주시면 좋겠는데
요…. 아직 제가 이런 프로젝트 활동이 워낙 약해서…. 헤헤헤….

　입사신 그럼 그렇게 하지. 하지만 계획과 방법이 중요한 것이 아니
라 실천이라는 것을 꼭 명심해야 해.

이 프로젝트는 중학교 2학년 이상의 영어 실력이 있는 학생들에게 권합니다(실력이 중2 수준 이상이라는 말입니다. 실제 학년과는 상관없습니다). 그리고 단기간에 끝나는 것이 아니라 1년 이상 충분한 기간을 두고 진행하는 것이 좋으며, 영화와 같은 영상 매체에 관심이 많은 학생들에게 유리합니다.

또한 이 프로그램은 고등학교 진학 이후에도 취미 삼아서 꾸준히 하면 대입 입학사정관제를 위한 프로젝트로도 적당합니다.

1차 프로젝트 영(英) – 한(韓) 영화 번역

1. 대형서점이나 인터넷 서점에 가면 영한 대역 영화가 많이 있습니다. 그것들 중에서 자기 수준에 맞는 것을 선택하여 번역이라는 활동에 대한 경험을 해 봅니다. 1~2편 정도면 어느 정도 감을 잡을 수 있습니다. 그리고 나서 번역본이 없는 영화 DVD 타이틀을 구입합니다. 최신 영화보다는 이전에 출시되었던 과거 영화 DVD타이틀을 선택하면 좋습니다. DVD 타이틀을 보면 자막을 마음대로 설정할 수 있습니다.

영화를 선택할 경우는 기존에 원작 서적이 있는 것을 선택하면 좀 더 충실한 작품을 번역하는 경험을 할 수 있습니다. 그렇지만 제일 우선적으로 고려해야 할 것은 자신의 취향입니다. 자기가 좋아하는 영화를 직접 번역 해보면서 느낄 수 있는 감동은 영화를 단순히 감상하는 것과는 또 다를 것입니다.

【진행 팁】

1. 영화를 보면서 번역을 하는데 처음부터 너무 철저하게 잘 하려고 하지 않아도 됩니다. 번역대본상의 번역은 상당한 수준의 것이기 때문에 토플 공부하듯이 정답을 따져 가면서 하면 힘이 들어서 중도에 포기하게 됩니다. 중요한 것은 재미있게 하는 것입니다.

2. 노트에 번역을 직접 하는 아날로그 방식도 나쁘지는 않지만 가능하면 블로그 등에 올리는 것이 더 좋습니다. 블로그나 카페 등을 개설해서 자기가 진행한 내용들을 업로드 하게 되면 진행한 날짜가 명시되기 때문에 꾸준히 진행한 것을 증명 할 수도 있고, 같은 프로젝트를 진행하고 있는 친구들끼리 서로 수정의견을 교환할 수도 있습니다.

3. 전편을 꼭 완벽하게 번역하려 하지 말고 제일 재미있는 부분이나 핵심 부분, 또는 에피소드 부분을 발췌하여 하면 더 쉽고 재미있게 할 수 있습니다. 전편 번역을 해 본다면 하루에 몇 분 분량씩 한다는 기준을 정해서 꾸준히 하는 것이 좋습니다.

 2. 합법적인 영화 다운로드 사이트에 들어가서 마음에 드는 영화를 비용을 내고 다운로드 받습니다. 국내외 사이트를 검색해서 대본을 다운로드 받도록 합니다. 구할 수 없다면 그냥 화면만 보고 바로 번역을 해 봅니다.

영화 번역의 매력은 화면에서 보이는 것과 말소리와의 조화를 만들어 보는 것입니다.

영어 대사는 여러 문장이지만 우리말로 번역해 보면 한두 단어로 정리되거나, 반대로 짧은 영어 표현도 우리말로 표현하다 보면 길게 늘어날 수 있는 것이 매력입니다. 직접 해 보면 "아! 이래서 입사신 선생님이 말씀하신 것이로구나~" 할 겁니다.

【진행 팁】
포털 사이트에 '번역기' 프로그램이 있습니다. 그런데 이 번역기를 돌리다 보면 희한한 의역이 정말 많이, 아니 거의 대부분 재미있는 오역이 나옵니다. 번역을 하다가 진도가 잘 나가지 않고 정체 될 때 재미삼아서 한 번 돌려 보세요. 이상한 번역으로 배꼽을 잡는 경우가 많습니다. 그런 오역을 살짝 블로그에 올려주면 아주 재미있습니다.

2차 프로젝트 한(韓) – 영(英) 드라마 번역

1. **질문** 번역은 상당한 수준의 영어실력을 갖춰야만 할 수 있는 프로젝트이다? 아니다?

   정답 '아니다!'

   외고를 준비한 기간이 2년 정도가 넘고, 텝스 700점이나 토플 80점 이상의 수준이라면 누구나 시도가 가능합니다. 물론 그런 공인 영어시험 점수가 있어야 하는 것은 아니고, 영어와 드라마에 관심이 많은 학생이라면 누구나 시도해 볼 수 있습니다.

영어 실력은 모자라는데 다른 친구들과 함께 이 프로젝트를 꼭 하고 싶은 학생이 있다면 번역기를 이용하기 바랍니다. 물론 번역기로 번역하면 완벽하게 '오역'이 나옵니다. 그렇지만 이 '오역'을 초벌 번역으로 하여 사전을 찾아서 틀린 부분을 수정해보면 의외로 멋진 번역본이 나오는 경우가 많습니다.

물론, 이런 경험을 몇 번 반복해 보면 스스로 할 수 있는 능력이 길러집니다.

2. 각 공중파 TV 사이트에 들어가 보면 드라마를 VOD로 볼 수 있는가 하면 대본도 구입할 수 있습니다. 이거 거저먹기입니다.

3. 아예 프로그램을 다운로드 해서 누구나 사용 할 수 있는 윈도우 상의 무료 동영상 편집프로그램인 'Window Movie Maker' 나 기타 편집 프로그램을 사용해서 영어 자막을 입힌 프로그램을 만들 수 있습니다. 이 정도를 해서 결과물을 만들어 보면 영어 실력에 대해서 누구도 토를 달 수 없을 것입니다.

4. 당연히 블로그나 카페를 개설하여 업로드하는 것이 좋습니다.

5. 혼자서 하는 것보다 다른 친구들과 함께 공동 작업을 하면 금상 첨화입니다.

예를 들어 50분짜리 프로그램을 5명이 10분씩 나눠서 번역하고 그 결과물을 카페에 업로드합니다. 서로 교정을 하거나 의견을 나누면 더욱 좋습니다.

이렇게 공동작업을 하게 되면 팀워크에 대한 좋은 평가를 받을 수 있습니다. 아주 중요한 부분입니다.

파생 프로젝트 일본 드라마 또는 만화 번역 프로젝트

인터넷을 찾아보면 의외로 번역작업을 하는 학생들이 상당히 많습니다. 특히 일본 만화의 경우는 일본어를 전혀 전공하지 않았는데도 간단한 일본어 공부만을 한 뒤에 번역을 하고 있는 경우도 적지 않게 있습니다. 일본어의 경우는 우리나라와 어법이 매우 유사하고, 지금 학생들은 어린 시절부터 일본 만화를 워낙 많이 보고 자란 세대이기 때문에 약간만 공부를 하면 아주 섬세한 표현을 제외하고는 번역이 가능합니다.

더욱이 그 만화의 내용에 대해서 어느 정도 사전지식이 있다면 더욱 하기 좋습니다. 인터넷 포털에는 일본 만화나 드라마에 대한 카페가 많이 개설되어 있습니다.

저작권 문제가 있으니 다운받기보다는 스트리밍으로 만화나 드라마도 즐기고 번역을 해보면 재미있습니다.

동영상 편집 프로그램을 이용하여 자막을 직접 삽입해 보면 다른 친구들이나 가족들과 함께 즐길 수도 있습니다. 그러나 그런 작업을 한 것을 인터넷에 다시 업로드 하는 것은 저작권과 관련하여 문제가 될 수도 있으니 피해야 합니다.

3차 프로젝트 만화영화로 봉사활동 하기

1. 1차 활동이나 2차 활동을 어느 정도 하면 다른 사람들에게 내놓을 수 있는 여유가 생깁니다. 이때 지역 공부방의 어린이들을 위한 프로그램을 진행하면 좋습니다.
2. 지역 공부방은 각 지역마다 설치되어 있는 취약 계층 아동들을 대상으로 하는 보호, 교육 기관입니다. 전국적으로 분포되어 있는데 지역아동정보센터 www.icareinfo.info에 가보면 자기 집이나 학교 주변의 지역아동센터를 찾을 수 있습니다.
3. 유튜브나 국내 포탈 동영상 코너에 가보면 어린이를 위한 프로그램들이 아주 많이 다운로드 받을 수 있습니다. 그중에서 봉사하려는 지역아동센터의 어린이들에게 맞는 동영상을 다운로드 받아서 자막을 만들어 넣어 영어 교육 프로그램을 만듭니다.

이렇게 정리해 보니 영어교육 동영상 프로그램을 만든다는 거창한 내용이지만 실제로 해보면 별 것 아닙니다. 혹시 이 내용을 보는 부모님들이 계시다면 놀라지 마십시오. 요즘 중학교에 다니는 자녀들은 부모님들이 생각하시는 것보다 더 대단한 능력을 갖고 있지만, 다만 입시 환경 때문에 그런 능력을 다 발휘하지 못했던 것 뿐입니다.

【진행 팁】

　모든 컴퓨터에 다 설치되어 있는 Window Movie Maker는 생각보다 훌륭한 동영상 편집 프로그램입니다. 그 외에도 무료 동영상 편집 프로　그램들이 포털 자료실에 가면 많이 있습니다. 그러나 프리미어와 같은 전문 동영상 프로그램을 사용 할 수도 있는데 프로젝트용으로는 과한 수준이라고 봅니다.

입사신 자~ 어때? 이거 멋지지 않나?

영 주 네, 정말 재미있을 것 같아요. 당장 하고 싶은데….

입사신 다들 시작은 재미있을 것 같다고 하지만 막상 얼마만큼 진행하면 시들해져서 끝마무리를 잘 하지 못하는 경우가 대부분이야. 결국 승패는 꾸준한 인내심과 목표를 향해서 지치지 않고 달려가는 끈기가 있느냐 없느냐로 나뉘게 되는 것이야.

영 주 그런데요…. 다들 이렇게 번역 프로젝트에 매달리면 또 차별화가 되지 않을 것 아닌가요?

입사신 하하하…. 그렇게 생각해주니 고맙네…. 자네는 지금 내가 해주는 컨설팅이 전국적으로 큰 반응이 있을 것으로 생각한다는 말이니 말이야…. 그렇지만 중요한 것은 창의력이지. 남들이 다 하는 것은 당연히 그 가치가 떨어지게 마련이야. 인조 다이아몬드와 천연 다이아몬드의 가격이 엄청나게 다른 이유가 무엇인지 아나?

영 주 그거야 당연히 인공 다이아몬드는 공장에서 다량으로 만들어 낼 수 있는데, 그것에 비해서 천연 다이아몬드는 정말 희귀하기 때문이죠.

입사신 그렇지! 바로 그거야. 지금 내가 제안한 번역 프로젝트는 나름대로 의미가 있으면서도 재미도 있는 프로젝트거든. 그렇지만 아무리 그렇다고 해도 경쟁을 통해서 등수를 가려야 하는 입시에서 다른 친구들도 다 한다면 아무리 의미가 있는 프로젝트라고 하더라도 비교 우위가 될 수는 없겠지.

영　주 그러니까요…. 이미 이 프로젝트는 공개되어 버렸으니 저한테만 멋진 프로젝트 하나만 더 가르쳐 주세요. 선생님!

입사신 좋아! 영주가 그렇게 원한다면 내가 확실한 비법을 한 가지 더 알려주지.

영　주 와! 선생님 만세!

입사신 글쎄…. 그럴까? 하하하…. 너무 좋아하지 말게나. 자~ 그럼 자기주도형 체험학습의 비법을 더 알려주지!

연예인 지망 학생도 가능해졌다
– 자기주도형 체험학습으로 외고 가기!

입사신 우리나라의 한 학년 학생이 모두 몇 명이나 될까? 통계청 자료에 의하면 전국의 중학생 총 숫자는 200만 명 정도거든. 한 학년 학생 수가 대략 70만 명이 조금 안 되는 수준이지. 그렇다면 그 70만 명의 환경이나 학력 등이 모두 다르지 않겠어?

영　주 당연히 70만 명이 다 다르죠. 같을 수 없는 것이 당연한 거 아닌가요?

입사신 바로 그거야. 모두 다른 환경과 학력, 취미, 능력을 갖고 있기 때문에 자기주도형 체험 학습의 모양과 방법도 70만 가지가 나올 수 있다는 말이지.

예를 들어서, 요즘 연예인 지망을 하는 학생들이 엄청나게 많지? 그런데 다들 춤 잘 추고 노래 잘하는 것에 올인 하잖아. 그런데 김태희 씨 같은 경우는 서울대라는 간판이 처음 데뷔할 때 엄청난 도움을 주었지. 그리고 이인혜 씨는 최연소 연예인 출신 교수라는 후광으로 드라마 〈천추태후〉에서 중요한 배역을 맡았고. 물론 연기력도 탁월했지만 공부를 잘한다는 것만으로도 큰 도움을 받을 수 있어. 게다가 지금은 연예기획사 사장으로 날리고 있는 박진영 씨도 마찬가지이고….

영　주　그런데…. 왜 갑자기 연예인 이야기예요?

입사신　연예인이 되려고 하는 학생들에게도 자기 적성에 맞는 영어 자기주도형 학습법을 만들 수 있을까? 없을까?

영　주　글쎄요…. 제 친구 중에서도 연예인을 지망하는 애들이 있는데요, 공부에는 별로 관심이 없던데…. 무슨 방법이 있을까요?

입사신　외고에 가기가 이젠 정말 쉬워진 거야. 일단 영어공부를 열심히 해서 학교 시험을 볼 때 만점을 받고, 자기가 좋아하는 것으로 자기주도형 체험학습을 하면 외고에 갈 수 있게 되었으니 말이야….

영　주　하긴 영어만 공부하면 만점 받는 것이 그리 어려운 일도 아니지요. 에휴….

입사신　그리고 꼭 기억해 두어야 할 것이 말이야, 영어 공부를 열심히 해서 성적이 오르면 다른 과목 성적들도 슬슬 오르거든. 이건 정말 신기한 현상이지. 연예인을 지망하는 중학생이 열심히 공부해서 외고에 합격했는데, 그 학생이 유명한 연예 기획사에 오디션을 보겠다고 신청하면 말이야…. 오디션 심사위원들이 어떻게 생각할까?

영　주 그러면 일단 한 번은 만나 보자고 그럴 걸요?

입사신 그렇지. 바로 그거야. 보통 오디션 신청을 하면서 직접 제작한 노래 CD나 동영상 파일을 함께 보내거든. 그런데 그런 작업을 할 때 영어로 하는 거야.

영　주 네? 영어로 된 오디션 CD라고요?

입사신 그렇지. 바로 그거야. 만일 연기자 지망생이라면 미국 드라마(미드)의 한 부분을 직접 번역해서 연기를 해 보는 거야. 그 모습을 촬영해서 동영상 파일을 만들고…. 또, 우리 드라마를 영어로 번역해서 연기를 하고 그 모습을 동영상으로 만들어도 좋고…. 요즘은 연예인 오디션을 볼 때도 UCC로 하잖아. 아주 좋은 기회이지. 노래뿐만이 아니라 연기와 작사, 작곡 같은 전 분야에서 UCC를 만들 때 무조건 영어로 해 보라고. 이건 앞에서 설명했던 드라마 번역하기 프로젝트의 확장형 프로그램이라고 할 수 있겠지? 가수들의 경우는 어떨까? 아직 국내에 나오지 않은 영어권 노래를 우리말로 불러 본다거나, 우리말 노래를 영어나 일어로 부르는 것도 좋고.

요즘은 연예인도 국제적으로 진출해야 하기 때문에 영어나 일본어, 중국어를 잘하면 아주 유리하거든. 내가 아는 연예기획사 사장님이 그러시더라고. 아무리 학원에서 노래나 춤을 익혀 온다고 해도 회사에서 다시 가르쳐야 하기 때문에 그런 전공 말고 다른 능력을 갖고 있는 인재를 찾는 것이 요즘의 추세라고…. 그러니 영어와 제2외국어를 열심히 익혀서 그런 능력을 오디션에서 보여 주는 것이 더 유리할 수 있지.

이런 프로젝트들을 모두 모아서 실적으로 정리하면 자기소개서나 추천서에도 당당하게 쓸 수 있고 말이야.

영 주 와~ 그런 방법이 있었네요….

입사신 이렇게 학생들이 각자 자신의 자신 있는 부분이나 관심 분야를 영어나 기타 외국어와 연결하여 활동을 하게 되면 그런 부분들이 모두 다 자기주도적 체험 학습이 될 수 있는 것이야. 그리고 이런 아이디어를 만드는 것은 영주학생 같은 젊은 학생들의 머리에서 훨씬 더 많이 나올 수 있을 것 같은데, 이번 외고와 국제고 입시안이 정말 대단하지 않니?

영 주 그런 것 같네요. 그런데요…. 이렇게 하려면 영어 실력을 위해서 공부도 더 많이 해야 할 것 같은데 학원을 다니지 말아야 한다니 참….

입사신 무슨 소리! 이번에 정부에서 학원 등 사교육과 관련된 점수를 모두 인정하지 않는다고 한 것은 사교육을 통해서 만들어진 점수를 평가하지 않는다는 것이지 학생 자신의 영어 실력을 활용해서 다양한 활동을 한 것을 인정하지 않는다는 것이 아니야. 절대로….

영 주 그러면 학원에 다녀도 된다는 건가요?

입사신 그렇지. 필요하다면 학원에 다녀도 상관없을 것 같은데….

학생이 스스로의 아이디어를 내서 어학 실력도 활용하고 사회에 봉사도 할 수 있는 활동을 하는데 필요한 영어 공부를 하는 것까지 굳이 반대를 하는 것은 아니잖아. 이런 프로젝트 활동을 학원에서 하는 것이 아닌 이상 말이야. 다시 말해서 점수 몇 점을 얻기 위한 학원 수강은 입시에 도움이 되지 않지만 어학 실력을 기르기 위한 학습 자체를 막는 것은 아니라는 것이지.

영 주 그렇군요. 그럼 이제 구체적으로 제가 할 수 있는 활동 한 가지만 더 주세요.

입사신 하하하…. 참 욕심도 많은 학생이로군. 자, 그러면 영주가 좋아하는 것이 무엇인지부터 한 번 들어볼까?

영어공부에 공부를 더하는(the+하는) 프로젝트
– 영어 교재를 만듭시다!

영 주 저는요…. 특별히 좋아하는 것이나 취미는 없거든요…. 그 동안 외고에 간다고 학원에서 공부를 열심히 한 것 정도가 나름대로 한 일이라면 일이죠…. 선생님, 저 정말 심심하게 살았죠? 그죠?

입사신 아니야…. 그만큼 열심히 공부를 했다는 것인데 그것이 얼마나 멋진 일인데…. 그러면 영어공부를 하면서 주로 어떻게 공부를 했나?

영　주 제가 다니는 학원에서는 학원 교재를 위주로 공부했어요. 여러 가지 교재를 편집해서 만든 것 같은데 책이 엄청나게 두꺼워서 저는 분철을 해서 써요.

입사신 그렇군. 그런데 여러 가지 영어 교재를 편집해서 만든 것은 어떻게 알았지?

영　주 그건 뭐…. 공부를 하다 보면 제가 갖고 있는 교재의 내용도 상당히 많이 나오거든요. 그리고 이전 학년도에 봤던 연합 모의고사 문제들도 들어있고. 대학 수능 시험문제도 있어요.

입사신 그거 대단하네…. 중학교 1학년 학생들이 수능 문제까지 푼다는 말이야?

영　주 그럼요. 잘하는 애들은 수능문제도 거의 다 맞추는 걸요?

입사신 그거 대단하네…. 자~ 그럼 어느 정도는 영주가 할 프로그램의 윤곽이 나온 것 같은데?

영　주 네?

입사신 영주야, 네가 직접 영어 교재를 한 번 만들어 보는 것은 어떠니?

영　주 네? 제가 직접 영어 교재를 만든다고요? 에이~ 농담이시죠?

입사신 아닌데…. 농담…. 내 말은, 영어 교재를 새로 쓰라는 것이 아니라 영어 교재를 편집해 보라는 것이야.

영　주 영어 교재를 편집해 보라니요? 어떻게요?

입사신 그거 아주 간단해. 실제로 영어 공부에도 도움이 많이 되고 말이야. 혹시 집에 스캔 겸용 프린터 있지 않니? 요즘은 웬만하면 다들 스캔과 프린터를 함께 쓸 수 있는 복합기가 집에 있더구만….

　영　주　네, 저희 집에 있는 프린터가 스캔도 되는 복합기 맞아요. 제가 학교 숙제를 할 때 가끔 쓰기는 해요.

　입사신　직접 스캔을 해서 학교 숙제도 하는군. 그거 반가운 일인데…. 그럼 말이야…. 내가 '영주의 영어 참고서'를 만드는 법을 알려줄 테니 잘 들어봐….

1. 자기 학년의 수준에 맞는 참고서를 여러 권 준비한다.

→ 너무 어려운 것이나 쉬운 것은 빼고 '나에게' 맞는 수준의 참고서를 최소한 2권 이상 준비한다.

2. 각 참고서의 공통 단원을 살펴본다.

→ 참고서들은 대개 유사한 체제를 갖고 있지만 각 책들의 특성을 살리기 위하여 다른 구성을 하기도 하기 때문이다.

3. 각 참고서의 공통되는 내용들을 정리해서 표시를 해둔다.

→ 참고서들의 공통되는 내용이야 말로 정말 중요한 부분이기 때문에 그 부분만을 표시해둔다.

4. 참고서들의 공통부분을 모아서 새로운 목차를 만들어 본다.

→ 대개는 기존 참고서들과 비슷한 내용이 되겠지만 만들다 보면 새로운 형태가 된다.

→ 목차는 대단원과 소단원으로 나누고, 너무 세부적인 단원으로 나누지는 않는다.

5. 공통되는 부분을 스캔하여 저장한다.

→ 전체 내용을 저장하는 것이 아니라 참고서들 사이에서 공통되는 설명이나 해설, 문제를 스캔한다(해상도는 높을 필요가 없다. 높아봐야 용량만 커져서 나중에 불편하다).

→ 스캔을 받을 때 필요한 부분만 크롭(잘라서) 받으면 된다. 굳이 많은 부분을 받기 보다는 다른 책과 겹치지 않는 부분을 스캔한다는 생각으로 스캔을 받으면 된다.

→ 책을 한 권씩 통째로 스캔하지 말고, 당분간(1~2주 정도) 내가 공부할 분량만 스캔하는 것도 방법. 아니면 집에서 도와줄 사람이 있으면 더 좋다(이건 글쎄…. 엄마들이 돌멩이 날리는 소리가 들림…^^).

6. 스캔한 내용들을 공통되는 내용의 폴더별로 분류한다.

→ 앞서 준비한 목차별로 폴더를 만들고 그 폴더 안에 해당 내용들을 모아 놓는다.

7. 공통 폴더별로 워드 프로세서 프로그램에 페이지를 만들어 놓는다.

→ 워드 프로세서 페이지를 열고 스캔한 파일들을 옮긴다.

→ 스캔한 파일은 그림 파일이기 때문에 확대와 축소가 자유롭다. 때문에 적당한 크기로 조절하여 페이지를 만든다.

→ 대단원 또는 소단원 별로 작업을 한다. 급하게 책을 만들어야 할 필요는 없기 때문에 며칠간 자기가 공부할 분량만큼만 편집하면 된다.

8. 페이지 넘버링을 하고, 단원별로 프린트 출력한다.

→ 편집을 하고 보면 여러 책을 스캔한 것이기 때문에 글자 모양이나 크기가 제각각 이지만 그런 것이 또 매력.

→ 공부할 분량은 작은 경우 2주일분, 많은 분량을 할 경우는 1달 공부할 분량씩 출력을 하며 편집에 쓰는 시간을 줄일 수 있다. 출력은 등교하기 전에 'on' 시켜 놓고 엄마나 가족에게 마무리를 부탁하는 것이 좋다.

→ 최소 2부씩 출력하는데, 1부는 직접 사용하기 위해서, 또 1부는 모아서 책으로 편집을 하기 위해서 출력한다.

여기까지는 한 달에 한 번 또는 두 달에 한 번 정도 하는 것이 좋다. 한 번에 다 하려면 너무 양이 많아진다.

9. 모두 출력이 마무리되면 학교 주변의 문구점(제본소)에 갖고 가서 멋지게 표지를 달고 제본(책 만들기)를 한다.

입사신 이렇게 책을 만들면, 만들면서 바로 1차 공부가 되거든. 이거 대단한 일이야. 학원에서든 학교에서든 책 한 권을 끝내는 데 학기를 다 소비하는데 직접 책을 만들면 겨우 두세 달 안에 진도를 다 나갈 수 있지. 왜냐하면 이렇게 편집을 할 때 전체적으로 쭉 훑어보면서 1차 공부를 하고, 인쇄가 끝난 뒤 다시 한 번 책을 보고 마지막으로 책을 제본하면서 세 번째 보게 되기 때문에 공부하는 효율이 엄청날 수밖에 없어.

영 주 그러면 나만의 참고서를 갖게 된다는 말이네요? 멋진데요?

입사신 사법고시나 행정고시와 같은 최고로 어려운 시험을 준비하는 수험생들이 사용하는 방법이야. 이런 방법을 '단권화'라고 하지. 고시 공부를 할 때 쓰는 교재들은 보통 1,000쪽이 넘기 때문에 한 과목을 공부한다고 해도 교과서와 참고서에 기타 보조 서적들을 모두 더하면 수천 쪽에서 만여 쪽이 금방 넘거든.

그래서 일단 빨리 한 번씩 읽고 나서 단권화 작업을 하지. 물론 고시준비생들이야 교과서가 되는 책에 다른 책들의 내용을 적어 놓거나 오려서 붙이는 정도이지만 우리는 아예 스캔을 하여 통째로 종합을 하는 것이기 때문에 거의 진짜 책을 만드는 수준이야. 학원 교재처럼 말이지.

영 주 그런데 제가 직접 풀 것 말고 또 한 부를 인쇄하라는 것은 왜 그런 거예요?

입사신 당연하지. 깨끗하게 제본을 해야 하잖아…. 그러니 네가 공부한다고 가져간 것에는 밑줄을 긋거나 답을 달아서 지저분하잖니. 그래서 새로 프린트를 하라는 것이지. 또 제본소에 표지 디자인만 갖고 가면 두꺼운 표지도 만들어 주거든. 그렇게까지 하면 정말 참고서를 직접 만드는 노하우도 생기지.

　영　주　와~ 하기만 하면 정말 대박이겠는데요. 공부를 많이 하는 친구들은 시도해 볼 만하네요.

　입사신 이 정도 자기주도형 학습을 한다면 아마 입학사정관님들도 네 정성에 감동받고 말 거야. 그런데 주의해야 하는 점은, 괜히 요령을 피울 셈으로 다른 사람의 도움을 너무 많이 받을 경우는 오히려 역효과를 받을 수도 있지.

　영　주　역효과요?

　입사신 그렇지. 만일 네가 만든 책의 한 부분을 지적하시면서 공부한 내용을 이야기 해 보라고(구술) 하시면 난감하잖아. 그렇게 되면 불합격이 100%겠지….

　영　주　당연히 그렇겠죠. 그렇지만 저는 그렇게 잔머리가 뛰어난 학생이 아니라서 그럴 일은 없을 것 같네요.

　입사신 하하하…. 그렇지?

　영　주　감사합니다. 열심히 해서 꼭 원하는 학교에 합격할게요.

　입사신 그래, 꼭 그러기를 바랄게.

영화로 보는 미국의 입학사정관제도

이 두 편의 영화는 미국의 대학 입학제도에 대해서 간단하게나마 알 수 있는 내용을 담고 있습니다. 단순히 줄거리만 따라갈 것이 아니라 그 안에 숨어있는 내용들을 찾아보는 것도 재미있을 것입니다.

1. 금발이 너무해

개봉 : 2001년 10월 13일

감독 : 로버트 루케틱

출연 : 리즈 위더스푼, 셀마 블레어, 매튜 데이비스

상영시간 : 96분

관람등급 : 12세 이상 관람가

장르 : 코미디

제작국가 : 미국

제작년도 : 2001년

홈페이지 : www.mgm.com/legallyblonde

시놉시스(줄거리 요약)는 각 포털 사이트 참고

영화에 등장하는 입학사정관들의 입학심사 모습

국내 영화 배급사에서 '하버드 법대' 라고 표현한 학교는 정확하게 '하버드 로스쿨' 입니다. 법학전문대학원이고 이 과정을 마치면 변호사 자격시험을 보아 합격하면 변호사가 됩니다. 당연히 하버드 출신들의 변호사 시험 합격률은 거의 100%이겠지요. 이 학교도 하버드 대학의 학부과정과 마찬가지로 입학사정관제로 신입생을 선발합니다. 하버드 로스쿨은 미국 최고의 학교이기 때문에 학부의 성적도 좋아야 하지만 기타 활동도 매우 중요한 판단 자료로 사용합니다. 특히 봉사활동과 특기 활동, 법학 이외의 학문적인 소양을 중시하여 복잡한 현대사회에서 변호사로서의 자기 분야의 전문성을 갖출 수 있는지를 매우 중요하게 판단하는 것으로 알려지고 있습니다.

영화 속 주인공 금발머리 '엘 우즈'는 남자친구의 절교선언에 충격을 받습니다. 한마디로 머리가 나쁜 여자는 싫다는 것이었죠. 그렇지만 엘 우즈는 당당히 자신의 대학 생활의 포트폴리오를 동영상 CD를 제출함으로서 그 벽을 넘습니다. 그런데 그 동영상 CD의 내용이 황당합니다. 수영장에서 벌이는 비키니 파티를 자신이 주최했다고 하거나, 캘린더 퀸이라는 점을 자랑스럽게 드러냅니다. 그러자 사정관들과 교수들은 갑론을박합니다.

"저런 학생이 제대로 공부를 할 수 있겠어요?"

"그렇지만, 새롭잖아요?"

바로 이 대사가 하버드 로스쿨 입학사정관제의 키워드였습니다. 단순히 법전만 달달 외워서 적용하는 법전문가가 아니라 엘 우즈와 같은 '날라리' 시민들의 상황을 이해하고 그들의 법률적인 문제를 도와줄 수 있는 '날라리' 전문 변호사로서의 자질을 본 것입니다.

이후 엘 우즈는 수습 변호사 때 자신이 담당한 사건에 대해서 '파마를 하고는 머리를 감지 않는다' 는 전문가적인(?) 식견으로 문제를 해결합니다. 이렇게 미국의 입학사정관제는 복잡 다양한 현대사회에 맞는 인재들을 고루 찾아내기 위한 방법으로 활용됩니다.

2. 아이스 프린세스

감독 : 팀 파이웰
출연 : 미셸 트레치텐버그, 킴 캐트랠, 조앤 쿠삭
상영시간 : 92분
관람등급 : 전연령 관람가
장르 : 코미디
제작국가 : 미국, 캐나다
제작년도 : 2005년
홈페이지 : disney.go.com/disneyvideos/liveaction/
iceprincess/home.html
(시놉시스는 각 포털 사이트 참고)

영화에 등장하는 입학사정관들의 입학심사 모습

공교롭게도 이 영화도 주인공이 앞서의 '금발이 너무해' 와 같은 학교인 하버드 대학교에 진학을 목적으로 스케이트장을 찾으면서 시작됩니다.

주인공 케이시는 피겨스케이트의 회전동작이 물리학적인 원리로 이루어지고 있다는 것을 실험으로 확인하여 논문을 작성하여 하버드 대학의 입학 심사에 실적 서류로 제출하려고 한 것입니다. 주인공은 피겨 선수들의 동작 하나하나를 비디오 촬영을 하다가 직접 점프를 배워서 실험을 하여 논문을 써냅니다.

대망의 하버드 대학의 입학 심사 면접에서 자신의 점프가 물리학적인 법칙에 의한 것이라는 동영상을 틀어 놓고서 입학사정관의 질문에 답을 합니다. 그런데 이 입학사정관의 말이 걸작입니다.

"그러면 학생은 트리플 악셀을 성공시켰으니 하버드에 합격시켜 달라는 것인가요?" (그렇다면 김연아 선수는?^^)

케이시는 침착하게 답을 하여 입학사정관의 관심을 끌었지만 결국 자신이 진정 원하는 피겨스케이트 선수로 진로를 바꾼다는 내용입니다.

이렇게 학생은 자신의 생활이나 관심 분야에서 주제를 정하고 학습과 직, 간접적인 활동을 통하여 자신의 열정과 능력을 증명시켜야 합니다. 물론 미국에서도 미국식 수능인 SAT와 내신점수, AP 등의 점수도 중요하지만 이렇게 자신의 열정을 내보일 수 있는 활동도 아주 중요하게 평가하고 있습니다.

한학(漢學)과 서예(書藝) 프로젝트
내 고장 세계 속에 홍보하기 프로젝트 Ⅱ

할아버지의 묵향을 기억하고 있고, 가족과 여행하기를 좋아했던 무색무취, 무미건조한 학생 병규. 입사신의 컨설팅은?

[상담 사례] 고등학교 1학년에 올라가는 병규는 완벽하게(?) 평범한 학생이었습니다. 그리고 가족들과 잘 지내는 학생입니다. 그 외에는 특별한 특기나 적성은 없었는데, 의외로 가족과의 생활 속에서 신나는 나의 특기, 적성을 발견할 수 있었습니다. 가족은 나의 특기와 적성을 발견하고 발전시키는 중요한 촉매가 됩니다.

병　규 저는 이제 고등학교에 진학하는 학생입니다. 제가 사는 곳은 서울인데 특별히 공부 잘하는 지역은 아니지만 그런대로 우리구의 대입 실적은 나쁘지 않은 것으로 알고 있습니다. 성적은 학교에서 중상위권입니다. 중학교 때는 반에서 5등에서 10등 사이였습니다. 고등학교에 올라와 보니 내신과 연합고사 합계 점수로 반에서 4등이었습니다.

입사신 병규 학생은 특기가 있나?

병　규 중학교 때까지 특별한 특기는 없었습니다. 잘 하는 것이라면 친구들과 즐겁게 노는 것 정도….

입사신 그렇다면 내신 과목 중에서 좋아하는 과목은?

병　규 수학은 정말 싫고, 그 대신 영어는 좀 나은 것 같습니다. 사회 과목은 시험공부를 좀 하면 만점도 나오는데 과학과목은 아무리 해도 그게…. 근데 국어는 도대체 어떻게 공부를 해야 되는지 만날 점수가 오르지도 내리지도 않고 그냥 85점 내외입니다.

입사신 홈…. 대표적으로 평범한 학생이로군…. 무미건조, 무색무취…. 마치 생수 광고에 나오는 그런….

병　규 앞으로 대학 입시가 입학사정관제로 바뀌면 어학시험점수나 봉사활동 실적을 많이 쌓아야 된다는데…. 어떻게 해야 할지….

입사신 대학입시는 크게 둘로 나뉘어서 진행되지. 수시와 정시. 이

건 다 아는 내용이지? 그런데 점점 수시의 비율이 높아져서 최근에
는 60%가 넘었거든. 간단히 말하면 수능 점수와 내신만으로 대학에
가기가 점점 힘들어진다는 말이야.

그 대신 내가 정말 잘하는 것을 찾아서 그 실력을 대학에 보여야
한다는 말이거든. 그런 맥락에서 어학에 특기가 있다면 어학을 실제
로 사용한 실적을 쌓아야 될 것이고, 학교를 넘어서 대외적인 활동
을 잘 한다면 그런 실적을 보여 주면 될 것이고….

병　규 그렇다면 먼저 제 적성이나 특기가 무엇이 있는지 확인해
봐야 하겠군요.

입사신 그렇지! 바로 그거야. 그러면 병규가 좋아하는 것을 한 번
찾아볼까? 우선 가족 관계는 어떻게 되나?

병　규 가족관계요? 그게 왜 필요하죠? 아버지와 어머니, 그리고
여동생이 있습니다. 할아버지와 할머니는 따로 사시고요.

입사신 아주 중요하지…. 나라는 존재는 그냥 하늘에서 뚝 떨어진
것이 아니거든. 제일 먼저는 부모님과의 관계이고, 가정이라는 사회
속에서 만들어진 것이 나이기 때문에 가정환경과 적성, 특기를 연계
시켜서 생각해보는 것은 정말 중요하지. 그런 관점에서, 중학교 때
까지 가족과 함께 했던 일 중에서 제일 기억에 남는 것이 무엇인가?

병　규 글쎄요…. 제일 기억에 남는다면…. 흐흐흐….

병규母 얘는 왜 웃니? 음흉하게?

병　규 그게 아니라요…. 저 어렸을 때부터 할아버지가 서예를 하

시던 것이 생각나서요. 요즘에는 조금 뜸해졌지만 저 어렸을 때만
해도 주말이면 제가 할아버지 서예하시는 옆에서 먹을 가느라고 하
루 종일 팔이 아팠거든요….

입사신 그래? 아주 훌륭하신 할아버지와 함께 생활을 했구나. 아주
좋은 일이지. 그러면 병규도 할아버지 곁에서 서예를 좀 배웠겠는
데?

병　규 그렇죠. 어렸을 때는 정말 싫었는데, 할아버지가 하도 붓글
씨를 쓰라고 하셔서 쓰다 보니 제가 학교에서 제일 글씨를 멋지게 쓸
걸요?

입사신 그렇군. 서예를 할 때면 한글을 주로 썼니? 아니면 한글?

병　규 처음에는 한글을 위주로 쓰다가 초등학교 5, 6학년 때부터
는 한자도 많이 썼어요. 아마 《논어》나 《맹자》 같은 책들은 내용은
잘 몰라도 거의 한 번은 다 쓴 것 같아요.

입사신 그렇다면 기본적으로 병규는 서예 부문에 특기가 있네. 그
렇지?

병　규 하지만 서예를 특기로 대학을 갈 수는 없잖아요?

입사신 그렇지 않아. 자, 이제 내가 말해주는 아이디어를 잘 생각해
보라고.

그냥 단순하게 생각하면 할아버지의 서예 취미가 어떻게 학생의 특기 활동 포트폴리오로 승화(?) 될 수 있을까 의문일 수 있습니다. 그렇지만 어려서부터 할아버지를 따라서 서예를 연습한 결과 어느 정도의 실력을 갖추게 되면 다음과 같은 활동을 합니다.

1. 여러 대회에 출품합니다.
2. 서예 동아리를 만들어서 활동합니다.
3. 동아리 서예전을 개최합니다.
4. 서예와 관련된 국내외 여행도 기획해서 가족이나 친구들과 함께 다녀옵니다.
5. 서예글씨로 만들 수 있는 소품을 만들어서 관련 매장에 납품을 하거나 판매를 하여, 그 수익금으로 무료급식소에서 노숙인들에게 식사를 대접합니다.
6. 공인 한자급수를 취득합니다.
7. 이러한 결과물을 잘 정리해서 인터넷 블로그나 카페에 올리고 책으로 엮어 봅니다.

입사신 어때? 멋진 프로그램이 아닐까? 그렇다면 이런 포트폴리오를 갖고 있는 학생이 지원할 수 있는 분야가 어떤 것이 있을까?

병 규 와~ 멋진데요? 진짜 좋네요. 요즘에는 고등학교에서 동아리 활동이 거의 진행되지 않는다고 선배들에게 들었는데, 이런 것을 다 할 수 있을지 모르겠네요. 과연 가능할까요?

입사신 그렇지! 바로 그거야! 병규가 제대로 핵심을 집은 것이지. 요즘에 학교마다 수능점수에 워낙 집중하다 보니 동아리 활동이나 특기 활동을 하는 것이 정말 힘이 들거든. 심한 학교는 사실상 거의 동아리 활동이 정지되어 있는 수준이거든. 그렇지만 그런 어려운 환경을 이겨내고 결과물을 만들게 되면 그 가치가 더욱 빛나게 되는 것이거든.

병 규 음…. 쉽지는 않겠네….

입사신 그렇지. 하지만 앞으로는 바뀌어가고 있는 대입 전형방법에 따라서 학교의 지원도 강화될 것으로 예상되니까 너무 걱정하지는 않아도 될 것이야.

병　규　그런데 말씀해주신 여러 가지 활동 중에서 제일 중요하게 먼저 해야 하는 것이 어떤 것인가요?

입사신 너무 해야 하는 내용이 많아서 프로그램을 하려면 좀 힘이 들어 보이지? 다 비법이 있어. 그 비법은! 하하하…. 바로 한 가지씩 한다는 것이야. 예전에 이런 유머가 있었지. '여기 코끼리 한 마리 분의 고기가 있습니다. 이 코끼리 고기를 다 먹으려면 제일 먼저 어떻게 해야 할까요?' 정답이 뭘까?

병　규　글쎄요?

입사신 아주 간단해. '한 조각씩 먹기 시작한다.' 중요한 것은 차근차근 하나씩 시작하는 것이지. 미리 그 큰 덩치에 놀라서 뒷걸음을 치면 안 되지. 한 가지 비슷한 더 문제를 내볼까? '여기 냉장고와 코끼리가 있습니다. 냉장고에 코끼리를 놓으려면 제일 먼저 무엇을 해야 할까요?'

병　규　히히히…. 이젠 저도 알지요. 정답! '냉장고 문을 연다' 입니다.

입사신 하하하…. 빙고~ 이젠 아주 잘 아는군. 그렇다면 모두 8가지나 되는 활동 중에서 제일 신경을 써야 하고 처음부터 제일 마지막까지 연결되는 것은 바로 '인터넷 블로그' 나 '카페 운영하기' 라고 할 수 있지.

병　규　인터넷 블로그나 카페 운영이 중요한 이유는 뭐죠?

입사신 그건 말이야, 진행하는 모든 과정과 결과를 체계적으로 잘 정리할 수 있고, 지나온 발자취를 항상 쉽게 돌아볼 수 있고 앞으로의 계획도 늘 확인할 수 있기 때문이지. 더구나 인터넷 블로그나 카페를 이용하게 되면 다른 친구들과 커뮤니케이션을 할 수도 있고, 다른 사람들에게 알릴 수 있는 통로도 되기 때문이야.

병　규 그렇군요. 그리고 한 가지만 더요. 서예를 테마로 하는 여행은 어떻게 하는 것인가요?

입사신 그건 말이야, 여행을 다니는데 단순히 유명한 관광지나 유적지 같은 곳만 다니는 것이 아니라 테마를 갖고 여행을 다니는 것이지. 예를 들어서….

1) 유명한 서예가의 생가나 활동지를 찾아서 그분의 발자취를 찾아보는 여행
　　예) 추사 김정희 선생의 예산 고택 → 제주도 추사 적거지
2) 붓이나 벼루 등 서예도구를 만드는 곳이나 원료가 되는 지역을 찾아보는 여행
　　예) 충남 보령의 남포벼루 생산지 + 전시장
3) 유명한 작품과 관련된 고장이나 장소 등을 방문하는 여행
　　예) 충남 예산의 추가 암벽글씨 탐방 / 서울 배화여고 뒷암벽 이항복의 '필운대'

이렇게 서예와 관련된 테마 여행을 하고 그 내용을 사진과 기록으

로 인터넷 카페나 블로그에 정리해서 올려놓고, 동아리 서예전 등을 할 때 함께 그 내용을 전시하면 아주 좋은 포트폴리오가 될 수 있겠지….

병　규 동아리 전시회는 학교 축제 때 하면 되겠네요?

입사신 물론 그렇지. 그렇지만 조금 더 크게 생각해 보면 꼭 축제 기간이 아니라도 학기 중 조금 여유 있는 시기를 선택해서 다른 학교들과 공동으로 행사를 진행하는 것도 좋은 활동이 될 수 있지.

참! 그리고 이건 정말 비방(秘方)인데…. 우리나라와 같이 서예를 하는 나라는 바로 일본과 중국이지? 이 나라들의 학생들과 함께 전시회를 해 보는 것을 기획해도 아주 멋지지 않을까 해.

병　규 아니? 일본이나 중국과요? 저는 일본어나 중국어도 잘 못하는데 어떻게 다른 나라와 연락을 하고…. 어휴, 너무 힘들다….

입사신 하하하…. 아까 뭐라고 그랬지? 코끼리를 먹으려면? 자~ 잘 생각해 봐. 우리나라에 중국과 일본 대사관이 있지? 그리고 그 대사관들 마다 양국 간에 문화교류를 전문적으로 하는 담당 부서가 있어. 그곳에 가서 도움을 요청하면 최소한 적당한 연락처를 알려주거든. 그 다음에는 마치 펜팔을 하는 것처럼 연락을 주고받으면 되고, 그렇게 큰 프로젝트가 되면 방학 때와 같은 기간을 이용해서 합동 전시회를 하면 좋지. 1년 정도의 기간을 두고 천천히 준비하면 여유 있게 할 수 있겠네. 지금 1학년 올라가니까 지금부터 시작하면 올 연말이나 내년 초에는 해 볼 수 있겠는데?

아니면 일본 고등학생의 블로그나 사이트를 검색해서 메일을 보내 보는 거야. 이런 방법은 의외로 효과가 크거든. 내가 과거에 일본과 비즈니스를 할 때도 사용했던 방법인데 의외로 반응이 참 좋거든. 그렇게 우격다짐으로 만난 인연과 지금도 연락을 하고 지내지. 중요한 것은 단순히 연락을 보내는 것이 아니라 '공통의 관심사를 갖고 함께 노력한다' 는 것에 있지.

병 규 와~ 그거 말은 되는데, 장난이 아니겠네요.

입사신 물론 이런 큰 프로젝트를 학생들만의 힘으로 하기는 쉽지 않지. 그렇지만 일단 시작하고 보면 방법은 꼭 나온다는 것을 기억하면 좋을 거야.

병 규 그런 부분은 나중에 더 말씀을 듣기로 하고요, 서예로 작품을 만들어서 판매 한다고 하는데 그건 어떻게 하는 건가요?

입사신 하하하…. 본격적으로 상품을 만들어서 파는 것이라기보다는…. 뭐…. 학교 미술시간에 컵 만들기 같은 것 하잖아. 컵에 그림을 그리거나 글씨를 써서 유약을 발라 구워서 만드는 수제 컵 같은 것 말이야. 동아리 회원들이 전시회 때 만들어서 전시회에 오는 손님들에게 판매하는 것이지. 그 이익금을 갖고 독거노인용 도시락을 만들어 전달하거나 노숙자 무료 급식비로 기부하는 것이지.

그런 방법 외에도…. 저…. 병규 어머님, 우리 학교 다닐 때 일일 찻집 했던 것 기억나시죠?

병규母 네, 그때 참 재미있었는데…. 일일찻집. 그리고 나중에는 일일호프니, 일일주점에 일일카페 등 별별 일일 아이템이 다 있었네요.

　입사신 하하하…. 그렇지요. 지금은 온라인 일일장을 해보면 좋을 것도 같습니다. 학교 축제나 그런 것과 연계하여 하는 것도 좋고요. 'G마켓' 이나 '옥션', '11번가' 같은 쇼핑몰 사이트에 비사업자 개인 판매자로 등록하고 주변에 홍보를 해서 판매하는 것도 방법입니다.

　입사신 그렇구나. 이건 좀 쉽게 이해가 되네요.

　입사신 이번에는 한자급수 따는 것을 물어볼 차례인가? 설마 이것을 물어보지는 않겠지? 하하하….

　병　규 하하하…. 그럼요. 그런데요 선생님, 서예 말고 좀 쉬우면서 재미도 있는 다른 것 좀 없을까요?

　입사신 아이고, 그 녀석…. 욕심도 많네…. 컨설팅 한 번 받으려고 하면서 아예 뿌리를 뽑네, 뽑아.

　병　규 히히히, 이것들 중에서 좀 쉬우면서 재미있는 것을 골라서 해야지….

특기, 적성의 테마 – 내 고장을 세계에 홍보하는 블로그 운영하기

　(본 프로젝트는 앞서 언급한 초등학생의 지역홍보 프로젝트의 고등학생 버전이라고 할 수 있습니다. 초등학생의 프로젝트와의 차이점과 공통점을

잘 살펴보면 입학사정관제와 자기주도형 체험학습이 어떻게 연계되는지 또 확대 발전될 수 있는지를 잘 알 수 있습니다)

입사신 그러면 할아버지의 취미 말고 온 가족이 함께 하는 그런 것이 뭐가 있을까?

병　규 아버지가 워낙 여행을 좋아하셔서 중1때까지는 가족 여행을 아주 자주 다녔어요. 저도 여행을 다니는 것이 아주 자연스러운 일이에요. 솔직히 말씀드리면 싫지도 좋지도 않다고 할 수 있죠.

입사신 혹시 해외여행도 다녔니?

병　규 두 번 정도. 거의 국내여행이었는데 아마 우리나라에서 중요한 기차역이 있는 도시는 아마 다 다녔을 것 같아요.

입사신 오호! 그것 참 좋군…. 그러면 병규 학생은 여행을 하면서 주로 무엇을 했나?

병　규 어렸을 때는 그냥 따라다니기만 했는데 초등학교 6학년 때부터는 사진 찍는 것을 주로 했어요. 아! 생각해보니 사진 찍는 것을 좋아하기는 해요. 3~4년 동안 여행사진이나 그냥 내켜서 찍은 사진이 몇 천 장은 되는 것 같아요.

입사신 흠. 길이 보이는군. 병규는 어학실력이 어떻지? 영어나 혹시 제2 외국어?

병　규 영어는 별로 잘하지는 않는데 학원을 꾸준히 다녀서 중학교 내신 영어는 거의 '수' 를 받았어요. 그렇지만 그리 좋아하지는 않아요. 중학교 때 제2 외국어는 일본어를 했는데 그거…. 대충 읽을 수 있는 정도에요.

입사신 자~ 이제 본격적으로 프로그램을 한 번 생각해 보자고…. 병규는 여행을 얼마나 좋아하지?

병 규 여행은 언제나 신나는 경험이죠. 어렸을 때는 우리나라에서 유명한 여행지를 많이 다녔는데, 제가 중학교를 들어가면서부터는 유명하지 않고 체험을 위주로 한 곳에 주로 다녔어요. 여러 가지 체험을 해 보는 것이 아주 좋았어요.

입사신 오호! 바로 그거야! 자네의 특기 적성의 테마는 바로 '체험을 찾아서 떠나는 여행길' 로 하지. 어때? 멋진 주제가 아닌가? 자네가 한 말을 정리 한 것뿐이지.

병 규 생각해 보니 그렇군요. 그런데 여행과 대학 입시와 어떻게 연결이 되나요? 여행만 다닌다고 대학에서 입학사정관이 '스펙' 으로 인정을 해줄까요?

입사신 물론 그렇지. '여행' 이라는 테마는 재료에 불과하지. 그렇지만 이런 신선하고 좋은 재료를 잘 요리해서 멋진 요리로 만드는 것이 진짜 실력이 되는 것이지. 먼저 자네가 진학할 분야가 인문계인가, 아니면 자연계인가?

병 규 글쎄요…. 수학과 과학을 별로 좋아하지 않는 것을 보면 아무래도 인문계가 아닐까요?

입사신 수학과 과학이 부담된다면 대개는 그렇지. 그러면 일단 인문계 전공으로 진학을 한다고 가정하고 프로젝트를 생각해 보자고.
자네가 생각하기에 인문계라면 어느 과목의 실력이 가장 중요하다
고 생각되나?

병　규 당연히 영어겠죠.

입사신 빙고! 당연히 영어가 되겠지. 그런데 최근 정부의 발표를 보
면 공인 영어시험 성적은 직접 전형에 반영하지 못하도록 한다고 그
러더라고. 그렇다면 입학사정관이 영어실력이 있고 없음을 무엇을
보고 판단을 할 수 있을까? 학생들의 특기, 적성활동에 영어를 직접
적으로 사용하게 되면 아주 훌륭하다고 판단하지 않을까?

병　규 아! 그렇군요.

입사신 그리고 입학사정관들은 학생들의 특기, 적성 활동이 다른
사람들과의 커뮤니케이션과 연결되고, 또한 리더십과 연결되기를
바라고 있거든. 그렇기 때문에 여행을 통해서 커뮤니케이션 능력과
리더십을 보여 주면 아주 좋은 스펙이 될 것이야.

병　규 한마디로 정리하면 영어를 사용하면서 다른 사람과의 커뮤
니케이션과 리더십을 보여 주면 된다는 것인데, 여행으로 그런 것을
어떻게 한꺼번에 보여줄 수 있는 것인가요?

입사신 음~ 제일 쉬운 것이 바로 외국인들과의 여행이지. 아니면
외국여행. 그런데 비용이 많이 드는 외국여행을 한다고 해도 리더십
은 어떻게 보여 줄 수 있을까? 전공 분야와의 연계성도 그렇고…. 점
점 더 어려워지는데?

병　규 너무 어려운데요…. 저는 별 아이디어가 없는데…. 이젠 어쩌나요?

입사신 자, 그렇지만 실망은 말도록해. 일단 가족여행을 자주하는 자네는 '여행' 이라는 테마를 통한 특기적성 실적 만들기에 한 발 다가선 것이네….

병규母 그런데요. 입사신 선생님. 영어 외에도 다른 학과목이 많은데 혹시 다른 과목과도 연결 할 수 있는 방법이 있을까요?

입사신 있지요. 당연히. 자~ 여행과 관련된 과목이 있다면 어떤 과목이 있을까?

병　규 당연히 사회과목이지요.

입사신 오호! 잘 아는군. 여행은 당연히 여러 사회의 모습을 경험하는 것이기 때문에 당연히 사회 과목의 지식을 직접 체험으로 알 수 있는 아주 좋은 방법이지. 이 정도면 여행을 테마로 하여 특기적성의 실적을 만들어 보기 위한 준비는 모두 끝난 것 같군. 그런데 지금까지 나눈 이야기들을 생각해 보면, 여행이라는 테마를 갖고 학교에서 배운 것들을 구체적으로 적용을 시켜 보는 과정이 바로 입학사정관제 스펙을 만드는 것이라는 것을 알게 되었을 것이야. 그렇지, 병규 학생?

병　규 그런데요. 입학사정관들은 학생의 열정과 장래성, 그리고 적성과 특기 등을 고려한다고 하는데 그런 여러 가지의 것들을 이번 프로젝트에 한꺼번에 다 놓을 수 있을까요?

입사신 물론 가능은 하지. 입학사정관들은 단순하게 그 학생의 능력만을 보는 것이 아니라 다른 사람에게 대한 배려와 지역사회나 주변에 대한 예를 들어서 학생의 따뜻한 마음가짐도 보니까 그런 것도 신경을 써야 되겠지. 그렇다면 이번 프로젝트에 그런 내용들도 함께 할 수 있도록 계획을 세워 보자고. 우선 병규 학생의 적성이 무엇인지 한 번 물어볼까?

병　규 음~ 적성이라면…. 글쎄요…. 제가 좋아하는 것이…. 별로 특별한 것은 없는 것 같은데요. 친구들이랑 컴퓨터 게임하는 것도 좋아하고, 그 외에는 별 것 없는데요….

입사신 자~ 그렇다면 일단 입학사정관들에게 제출할 스펙을 만들어 보면서 스스로의 특기나 적성을 찾아보는 것이 좋겠군. 이런 프로젝트가 단순히 입시용으로만 이용될 수 있는 것은 아니지. 이런 활동을 통해서 자기가 갖고 있는 재능이라든지, 특기를 발견해서 발전시키는 데도 큰 영향을 끼칠 수 있다는 것이 중요하거든.

병규母 그런데요…. '여행' 프로젝트에 대해서 좀 더 구체적으로 말씀을 주셨으면 하는데요?

입사신 일단 우리는 병규 학생의 가족이 함께하는 '여행'이라는 테마를 잡았는데, 그냥 단순히 여행을 다녀와서 여행보고서를 쓰는 정도로는 스펙을 만든 것이라고 할 수 없겠지요.

병　규 그러면 어떻게 해야 하나요? 여행을 다녀와서 뭘 해야 하나요? 점수를 잘 받으려면 해외에 나갔다 와서 여행기를 써야 하는 것은 아닌가요?

　입사신 여행도 그냥 단순히 어딘가를 다녀왔다는 것이라면 전혀 의미가 없다고 할 수 있지. 여행지의 사진 말고는 남는 것이 전혀 없거든…. 중요한 것은 긴 호흡의 큰 흐름을 만드는 것이야. 한 마디로 오랜 기간 동안 일관된 중심을 갖고 꾸준히 노력을 한다는 것이지.

　병　규 그렇다면 어떤 흐름을 만들어야 되나요?

　입사신 일단 가장 부담 없이 할 수 있는 계획을 세워 볼까? 병규 학생이 사는 지역이 어디지?

　병　규 수원인데요.

　입사신 수원이면 정조대왕의 수원 화성이 있는 효의 도시로군. 화성은 유네스코 문화유산으로도 등록이 되어있는 우리나라에서도 이름난 대표 도시라고 할 수 있지. 자~ 그렇다면, 내가 사는 동네인 수원을 통해서 나의 특기를 만들 수 있는 방법을 찾아볼까?

　병　규 근데 수원을 돌아다니면서 무엇을 한다는 건가요?

　입사신 자~ 주제를 정하지. 다시 한 번 말이야. 영어를 활용할 수 있는 여행 테마라면, 외국인에게 수원 화성을 알리는 것은 어떨까?

　병　규 아! 그런 방법이 있었네요? 그런데 무슨 방법으로 알리나요? 제가 관광 안내원이 될 수도 없는 노릇이고.

　입사신 블로그를 운영하는 것이야, 영어로 만든 수원 화성 안내블로그…. 어때? 멋지지 않나? 그런데 그런 수원화성을 알리는 영어 사이트는 이미 만들어져 있거든. 그래서 개인이 만들어 홍보를 하려면 테마가 있어야 하고 또 직접 발로 뛰어서 만들었다는 땀의 흔적이 있어야 된다고.

병　규 아! 그렇네요. 그런데 제가 영어를 잘 하지 못해서 그런 문제는 어떻게 해결할지 문제네요. 사진은 제가 찍는다고 하더라도 영어로 설명을 해야 할 텐데, 영작은 영 자신이 없는데.

입사신 영어 문제는 일단 뒤로 하고 어떻게 블로그를 운영해야 할지에 대해서 설명해 줄 테니 졸지 말고 잘 들어 보라고.

1. 블로그의 이름 : Top of the Korean History, Suwon Whasung
2. 블로그의 성격 : 외국인에게 수원 화성을 알리는 블로그
3. 내용 구성 : 매주 1회 수원 화성을 알리는 사진과 글을 포스팅한다. 중심 주제는 1년을 4계절로 나누어 3개월을 하나의 시즌으로 구성하고, 매월 그 시즌의 테마를 중심으로 하여 주간 테마를 취재, 포스팅한다.
4. 주간 구성 :
   1주 - Winter Color 수원 화성의 같은 장소 사진(시즌 비교용 사진)
   2주 - History 화성이 축성된 시기의 역사에 대한 자료(현장사진)
   3주 - People 수원 화성 주변의 사람들의 사는 모습
   4주 - Construction 수원 화성의 건축적 의미와 역사(테마 설정)

5. 취재 및 포스팅 : 원칙적으로 주말 취재 및 촬영을 하며, 1회 출사 때 2~3주 분량을 촬영하고, 촬영/취재장소에 대한 조사를 인터넷을 통하여 충분히 준비한 뒤 진행한다.

6. 홍보와 협력 :

1) 메타블로그에도 동시에 포스팅하고 해외의 관광 사이트에도 댓글 달기 등을 통하여 홍보를 진행한다.

2) 한국 관광 홍보사이트에도 알린다. 해외의 배낭족들이 즐겨 찾는 사이트도 검색하여 포스팅을 한다.

3) 어느 정도 포스팅량이 되면 지역 언론사(지역 신문과 방송사)에도 알려서 홍보한다.

4) 수원시 광광국과 구청 등에도 연락하여 시 홍보 블로그 등에도 콘텐츠를 동시에 포스팅하고 블로그의 배너를 교환한다.

입사신 어때? 멋지지 않니? 사실 자기가 사는 지역을 세계인에게 알린다는 것은 아주 매력적인 일이지만 쉽게 할 수 있는 것은 아니지. 이런 블로그를 운영하다 보면 지역의 역사와 사회, 문화 등에 대해서 해박한 지식을 갖게 되지.

병 규 그런데요. 선생님. 영어문제는요…. 영어….

입사신 참! 깜빡했네. 아주 쉬운 방법이 있지. 하하하…. 요즘은 중요한 관광지역이나 유적지에 가보면 안내판이 아주 잘 만들어져 있거든. 특히 영어로도 잘 정리되어 있고…. 먼저 사진을 찍고 게시판도 글자가 잘 보이게 찍어 오는 거야. 그리고는 게시판의 내용을 조금 손봐서 사진과 함께 포스팅하면 되지.

병　규 아하! 그렇군요. 그렇게 쉬운 방법이 있는 줄 몰랐네요. 그런데 그런 블로그를 운영한다고 해서 과연 입학사정관이 얼마나 인정을 해 줄까요?

입사신 아주 좋은 지적이야. 이런 블로그의 운영이 제대로 평가받기 위해서는 몇 가지 전제가 있어야 하지.

첫째는 꾸준한 활동이야. 몇 주정도 하다가 흐지부지하면 거의 평가 받을 수 없겠지만 꾸준히 1년 이상 운영을 하면 노력과 실력을 인정받을 수 있지.

둘째는 주위의 인정이야. 위의 계획 수준으로 활동을 한다면 아마 지역 언론사에서 기사화하게 될 것이야. '전 세계로 내 고장을 홍보하는 고등학생' 이란 주제로 말이야. 또한 수원시나 경기도 등 행정기관에서도 주목을 하게 될 것이지. 혹시 공로상이라도 하나 받을 수 있지 않을까?

셋째는 발전하는 모습이야. 단순히 블로그에서 그친다면 그동안 들인 노력이 무척 아쉽겠지. 그렇지만 이런 블로그를 잘 운영해서 화제가 되면 내용을 정리해서 이런 것들을 해 볼 수 있지 않을까?

1) 출판을 할 수 있는 기회가 있지 않을까?

2) 이번 기획과 같이 지역 홍보가 아니라 전국 각 지역을 대상으로 '교과서 여행지 탐방' 이나, '전국 철도역 기행' 같은 테마로도

블로그를 운영할 수도 있겠지.

3) 영어뿐만이 아니라 일본어 등 다른 언어권의 블로그로도 운영
   할 수 있으면 더 좋겠지.

4) 수원시에서 지원만 받는다면 정기적으로 개최되는 관광 홍보
   전시회에도 출품할 수 있을 것이야. 요즘은 지역마다 관광 산업
   이 테마이기 때문에 지역을 홍보하기 위한 다양한 행사가 연중
   벌어지고 있거든.

5) 수원시에서 해외로 관광 홍보를 목적으로 이벤트를 진행한다
   면 한 자리를 차지할 수도 있겠지. 물론 블로그가 아주 멋지게
   잘 운영된다는 전제에 맞춰야 하겠지만 말이야.

병　규 아이고! 이거 정말 장난이 아니네.

함께하는 프로젝트 - 리더십을 첨가하자

입사신 우선 이 프로젝트를 할 때 가족들이 아주 많이 도움이 될 거
야. 이동할 때 아버지가 운전을 해주시고, 맛집 방문이면 밥값도 내
주시고….

병　규 하하하…. 맞다! 어차피 우리 가족이 함께 다니는 여행이라
고 생각하면 아주 멋지겠는데요?

입사신 그렇지. 어려서 부터 자주 가족 여행을 다녔다는 말은 부모님이 여행을 통해서 자녀들이 견문을 넓히기를 바라시는 마음에서였을 거야. 그런데 이렇게 함께 가족 나들이를 하고 그 결과가 직접 대학 입시에서도 도움이 된다고 하면 아마 더 열정적으로 도와 주실 걸?

병　규 참! 그렇다면…. 아! 좋은 생각이 또 있어요!

입사신 뭔데?

병　규 제 친구 중에서 그림 그리기를 좋아하는 친구가 있거든요…. 일러스트라고 해야 할까? 하여간 만화 그리기 좋아하는 친구 말이에요. 그 친구도 함께 이번 프로젝트를 진행하면 좋겠는데요?

입사신 오! 그렇지! 바로 그거야…. 이젠 입학사정관제 프로젝트에 눈이 뜨이는 것 같구먼…. 친구들이나 선, 후배들 중에서 각자 특기를 갖고 있는 사람들을 함께 참여시킬 수 있다면 더욱 멋진 프로젝트가 되는 것이야! 바로 리더십 부문에서 평가를 받을 수 있게 되는 것이지. 리더십이란 사람들을 조직하고 서로의 이해관계를 조정하여 자신과 함께 일을 진행하고 결과물을 만들어 낼 수 있는 능력을 말하는데, 만일 이번 프로젝트에 친구들이 팀을 짜서 함께 진행한다면 진짜 멋진 프로젝트로 인정받을 수 있을 거야.

병　규 야호! 그럼 당장 연락해 봐야지.

한솔이는 중국어를 할 줄 아니까 중국어 버전 블로그를 맡기면 되고….

원동이는 사진 찍기를 좋아하니까 같이 다니면서 사진 찍으라고
하고….

입사신 어? 그런데 누가 일러스트를 좋아한다고 했지?

병　규 그게….

병규母 누군데 그렇게 뜸을 들이는 거니?

병　규 그게요…. 히히…. 가은이요….

병규母 아니, 초등학교 6학년 동창 여자애 아니니?

병　규 가은이가요, 이번에 애니메이션 고등학교에 합격했어요.
원래 그림 그리기를 좋아했었거든요…. 엄마, 같이 해도 되죠?

입사신 하하하…. 어머니가 꼼짝없이 허락하셔야겠네요.

병규母 너~ 그럼 이 프로젝트 외에 더 깊게 사귀면 안 된다. 고등학
생이 공부를 해야지 이성친구가 뭐야…. 어휴, 내 원 참.

입사신 병규 학생, 같은 학교 친구들 외에 다른 학교 친구들까지 함
께하는 프로젝트로 하려면 더 많이 힘이 들 테니까 그건 각오하고 준
비하라고. 그렇지만 일단 프로젝트가 잘 진행되면 아마 입학사정관
님들도 너의 리더십에 후한 평가를 내려 주실 것이야. 그런데….

병　규 그런데?

입사신 다른 친구들과 함께 진행 할 경우는 처음에야 다들 재미있
다고 생각해서 다들 적극적으로 활동하겠지만 조금만 지나면 시험
이다 뭐다 해서 슬슬 빠져 나가는 사람들이 있을 것이고, 또 활동 내
용이나 여러 가지 문제로 서로 의견이 맞지 않아서 힘들 때가 반드시

오거든…. 그럴 때 얼마나 슬기롭게 잘 해결하고 이 프로젝트를 진행하느냐가 관건이 될 거야.

그런 어려운 관문을 다 넘어야 비로소 입학사정관님들께 보일 수 있는 결과물이 되는 것이지. 입학사정관님들은 다들 입시에 관한 전문가들이거든, 그렇기 때문에 자네가 힘들게 수고하고 애쓴 모습을 결과물 속에서 다 찾아낼 수 있어. 알았지?

병규母 그런데요, 수원 화성이면 너무 잘 알려진 곳이고 여행과 관련된 뭔가 다른 것을 할 수 있는 방법은 없을까요? 만일 온 가족이 함께할 수 있는 것이라면 방향을 조금 돌려서 할 수도 있을 것 같은데….

입사신 네! 아주 좋은 생각이십니다. 제가 이 수원 화성 프로젝트를 말씀드린 것은 이 프로젝트가 초등학교 5~6학년부터 시작할 수 있는 것이고, 일단 시작한 뒤로는 5~6년 이상 꾸준히 진행할 수 있는 무게가 있는 아이템이라서 권한 것입니다. 또 수원 지역이 아니라 다른 지역의 학생들도 자기가 살고 있는 지역의 유명하거나, 아니면 유명했으면 하는 지역의 환경들을 꾸준히 관찰하고 알리려는 노력을 할 수 있는 프로젝트이지요. 다시 말해서 확장성이 있는 아이템이라는 말씀입니다.

병 규 그러면 저는 바로 확장 들어가고 싶은데요…. 하하하!

입사신 그렇지, 수원 화성의 외국인 대상 블로그 대신에 다른 콘텐츠만 넣게 되면 바로 새로운 프로그램이 된다는 것을 어머님이 간파하셨네요. 맞습니다.

결국은 창의적인 아이디어 경쟁입니다. 얼마나 개성 있고 창의적인 프로젝트를 해 보느냐에 따라 입학사정관들의 관심을 이끌어 낼 수 있느냐가 결정되거든요.

창의적인 아이디어는 하늘에서 뚝 떨어지는 것이 아닙니다. 그리고 그렇게 완벽하게 새로운 아이디어를 찾는다고 해도 너무 낯설거나 현실과 동떨어진 것이라면 오히려 거부감을 주기 때문에 많은 사람들이 공감할 수 있는 아이디어를 찾아야만 됩니다. 이건 정말 대단한 노하우인데 병규가 열심히 하려는 모습이 너무 예뻐서 특별히 공개합니다. 하하하….

먼저, 서점에 나가보시거나 아니면 온라인 서점의 부문별 베스트셀러 코너를 찾아보시면 됩니다. 병규가 기왕에 여행과 관련된 요즘 여행 관련 도서가 아주 인기 짱입니다. 그런데 요즘 여행도서는 단순하게 국내외의 도시나 유적지 관광지를 다녀온 이야기를 적어 놓은 것이 아니라 주제가 아주 세분화되어 있습니다.

병　규 아! 맞다. 서예를 테마로 한 여행과 같은 것을 말씀하시는 것이죠?

입사신 그렇지…. 바로 그거야. 지난해에는 지하철을 주제로 한 여행책도 나왔고, 일본 도쿄의 골목들만 소개한 책도 나왔거든. 그런 것처럼 여행을 테마로 한 입학사정관제를 대비한 특기-적성 프로젝트를 진행할 때는 세부적인 주제를 먼저 정하고 활동을 진행하여 차근차근 자료를 늘리는 것이 좋지.

그리고 그런 프로젝트를 기획할 때는 가능하면 전국이나 전 세계를 대상으로 진행하는 것이 좋아. 당연히 외국어를 사용해야 하고, 다른 나라 사람들과 커뮤니케이션을 하게 되면 학생의 시선을 보다 넓은 세계로 넓힐 수 있기 때문이지.

병 규 아이고, 세계를 상대하려면 너무 규모가 커지는데 국내에서 전국적으로 진행하는 방법은 없을까요?

입사신 당연히 있지. 블로그를 찾아보면 학생들이 운영하고 있는 경우가 많거든. 그중에서 비슷한 분야에 관심이 있는 블로거를 찾아서 서로 콘텐츠를 공유하거나 기간을 정해서 같이 공동 행사를 만들어 보는 것도 재미있어.

입학사정관제를 굳이 하는 이유 중 하나가 바로 타인과의 커뮤니케이션과 지역사회에 대한 관심과 노력을 판단하기 위한 것이지. 단순히 혼자서 노력을 하고 업적을 만들어 내는 것은 어찌 보면 아주 단순한 성과물이야. 그렇지만 복잡해진 현대사회에서는 잘난 사람의 원맨쇼보다는 그보다는 조금 못해도 다른 사람들과 함께 더 큰 목표를 달성할 수 있는 인재를 찾는 방법으로 입학사정관제가 활용되지.

때문에 어떤 프로젝트를 하던지 다른 사람들이나 단체 등과 함께
하는 것을 적극적으로 시도해야 해.

학교 성적과 프로젝트를 조화시켜라

입학사정관 프로젝트는 학교 공부에 도움이 된다

병　규 근데요⋯. 이거 너무 힘든 거 아니에요?

입사신 그럼 자기가 갖고 있는 특기로 대학을 가려고 한다면서 이 정도 비전도 없이 프로젝트를 진행하려고 했다는 말이야?

병규母 그래도 그렇지. 이런 활동을 하면서 공부는 언제해요? 이런 거 하다가 내신이나 수능을 망치면 어떻게 하죠?

입사신 아주 좋은 질문입니다, 어머님. 자, 병규 학생, 솔직히 가슴에 손을 얹고 말해 보라고. 주말이나 평일 저녁시간에 학원에 가고 야간 자율학습을 한다고 해서 그거 100% 효율이 날까? 또 스펙을 만들기 위해서 텝스나 토플 공부를 하면 이런 프로젝트에 쏟는 시간 이상을 투자해야 하지 않던가?

병　규 그거야 다 남는 거니까….

입사신 아니야. 그렇지 않아. 이제 대학에서도 텝스 같은 점수화된 스펙은 특별한 전형 요소가 아니거든, 그럼 무엇을 갖고 평가를 받겠다는 말이야? 흔해 빠진 학교장상? 학교 성적대로 줄서서 받는 교육감상? 그런 스펙들은 이미 다 공개될 대로 되어서 입학사정관들이 평가를 해주고 싶어도 가치가 없거든.

병　규 그렇다고 해도 내신 공부와 수능 공부는 언제 하냐고요….

입사신 이것 참. 답답하군. 병규가 그런 걱정을 하는 것은 그동안 문제풀이 공부에만 매달린 결과라서 그런 것이지. 지금까지의 공부는 그냥 죽자 살자 시험문제 풀이에만 매달렸잖아. 다른 것은 전혀 하지 않고 말이야. 그야말로 모 아니면 도였지. 그래서 그 가운데 잠시의 휴식을 갖는 것도 마치 큰 실패의 요인인 것처럼 생각하곤 했었지.

병　규 그거 사실이잖아요. 친구들이 하루에 10시간 공부하는데 저만 9시간 공부하면 그만큼 뒤처지는 것이고요.

입사신 그건 말이야. 대안이 없어서였어. 공부만 하다가 잠시 짬을 내어서 자신이 좋아하는 것을 하면서 쉬기도 하고 의미 있는 성과물을 만들어 볼 수도 있는데, 그동안에는 시간을 쪼개어 한 성과물들을 전혀 인정해 주지 않았기 때문에 도저히 할 수가 없었던 것이지. 그런데 이제는 입학사정관제를 통해 그런 성과물들을 인정해 주겠다는 것 아니니?

오히려 그런 자기가 좋아하는 멋진 프로젝트들을 만들어보지도 못한 학생들은 상대적으로 불이익을 받을 수도 있는 상황이 된 것이지. 신나지 않나? 단순히 공부만 하는 답답한 사람들보다는 보다 열린 마인드를 갖고 있는 인재를 찾는 전형이 바로 입학사정관제이거든.

물론 학교 공부가 제일 중요하지. 앞으로 사회에서 자기의 역할을 하기 위해서는 꼭 필요한 지식을 학습하는 것이 바로 학교이니까 말이야. 그리고 동시에 다른 사람들과 교류하고 자기의 특장점을 살려서 활동을 하는 것도 아주 중요하다는 말이지.

병　규 오, 그렇군요. 그렇다면 단순히 프로젝트만 한다고 해서 다 평가해 주는 것은 아니라는 것이군요.

입사신 그렇지. 공부도 열심히 하고, 자기가 하고 싶은 것도 열심히 하는 정말 뛰어난 학생을 인재로 인정한다는 거야. 그러려면 놀고 싶다거나 시간을 낭비하는 것은 불가능할 거야.

병　규 이야기를 듣고 보니 정말 힘들기는 하겠지만, 저도 해 보고 싶은 의욕이 샘솟는데요?

입사신 하하하. 좋아. 그런 마음만 갖고 있어도 절반은 성공한 것이야. 시작이 반이다. 이런 말 알지? 그리고 꼭 해주고 싶은 말이 있어. 예를 들어서 앞서 알려준 수원 화성 블로그 프로젝트와 같은 경우는 반드시 사진 찍기나 취재하는 데 취미나 적성이 있는 학생이 해야만 하지. 취재나 사진에 관심도 없이 그저 스펙을 만든다고 덤벼

들다가는 딱 망하기 좋은 프로그램이야. 입학사정관제는 특기와 적성, 열정이 있는 학생들에게 열린 전형이라는 것을 꼭 기억하고 있어야 해.

때문에 이런 프로젝트는 그동안 했던 공부들처럼 학원에 남들이 다니니까 나도 다닌다는 식으로 접근하면 절대로 안 되거든. 꼭 자기가 하고 싶었던 일이나 적성에 맞는 것을 찾아서 시도해 보는 것이지.

그리고 내신공부는 말이야…. 이런 프로젝트라고 해도 실제로 필요한 시간은 한달에 2~3일, 그것도 반나절 정도씩이면 되지. 오히려 꼭 짜여 있는 학교나 학원 공부로부터 해방 될 수 있는 시간이라고 하겠지. 블로그 프로젝트를 진행하는 시간이 또 다른 학습활동이 아니라 재충전을 하는 시간이라고 할 수 있기 때문에 스트레스를 풀고 공부를 하게 되어 오히려 학습능률이 올라서 성적도 좋아질 수 있지.

병 규 아! 맞다. 중학교 때도 만날 학교와 학원만 왔다 갔다 하는 생활이 너무 지겨웠는데 고등학교 때는 입학사정관제 덕분에 신나게 학교생활을 할 수 있게 될 것 같네요!

입사신 하하하. 그렇지. 이렇게 입학사정관제는 학생이 평소에 잘 하거나 하고 싶었던 것들을 구체적으로 평가해 주는 전형이기 때문에 청소년 때 자신의 끼를 마음껏 발산할 수 있는 기회를 펼칠 수 있는 아주 고마운 제도라는 것을 꼭 기억하기를 바랄게.

내신의 불리함을 극복할 수 있는 입학사정관제 프로젝트

머리는 좋은데 성적이 오르지 않는 학생의 고민?

병규母 그런데 엄마의 입장에서는 우리 병규가 입학사정관제 프로젝트를 한다고 하면서 선생님도 강조하셨던 학교 공부를 소홀히 할까 봐 걱정이 되는데요.

입사신 물론 부모님의 입장에서는 걱정이시겠죠. 그러면 이젠 냉정하게 병규의 학습 계획을 검토해 보겠습니다. 자~ 병규가 중학교 때의 성적은 중 상위권 수준이었습니다. 반에서 5~10등 내외…. 그렇죠?

병규母 그렇죠. 일반계 고등학교에 입학하면서 성적은 조금 올라서 5등 정도던데요.

입사신 물론 그렇죠. 최상위권 학생들이 특목고로 자리를 옮기는 바람에 등수가 올라간 것이지 성적이 오른 것은 아니지요. 어차피 대학 입시에서는 같이 경쟁을 하기 때문에 중학교 때의 성적을 기준점으로 생각하면 병규의 현재 위치를 알 수가 있습니다.

그렇다면 지금의 수준이 그대로 유지된다고 치면 어느 정도의 학과에 지원이 가능할까요? 아마 경기도 지역의 일반계 고등학교에서 상위 10% 수준이라면 서울 중하위권 대학이나 경기도권 대학의 중상위권 학과가 가능할 것 같군요.

병규母 그렇지만 고등학교에 가서 열심히 공부하면 더 나아지지 않을까요?

입사신 물론 그렇기는 합니다. 그러나 고등학교에 가서 병규만 열심히 하는 것이 아니라 대부분의 학생들이 전력투구를 하기 때문에 성적을 올리기가 참으로 어렵습니다. 오히려 대학 입시에 맞는 고등학교 방식의 학습에 적응을 제대로 하지 못한 학생들의 경우는 중학교 때까지 상위권의 성적을 유지하고 있다가 중위권으로 추락하는 경우가 오히려 더 많습니다.

병규母 정말 그럴까요?

입사신 그렇습니다. 그런데 성적이 추락하는 학생은 많은 데 비해서 고등학교에 가서 성적이 쑥 올랐다는 학생은 찾기 어렵습니다. 왜 그런가 하면 석차가 위에 있던 학생이 추락을 하게 되면 한 참 아래에 있던 학생이 쑥~ 하고 오르는 것이 아니라 바로 아래에 있던 학생들의 등수가 차례대로 한 단계씩 오르는 것으로 채워지기 때문입니다.

이런 상황이다 보니 학부모님들 사이에서는 "우리 애가 중학교 때까지는 성적이 좋아서 서울대에 갈 수준이었는데 제대로 지원을 해주지 못해서 애를 망쳤다"는 하소연을 하는 분들이 많으십니다. 그렇지만 그것은 맞는 말씀이 아닙니다.

병규母 그렇다면 고등학교에 들어가면서 갑작스럽게 추락하는 학생들은 왜 그렇게 되는 것인가요?

입사신 그것은 고등학교의 수업 방법이나 학습법이 대학입시에 맞추어서 진행이 되기 때문입니다. 병규 어머님이 고등학교를 다니실

때, 1학년 때는 나름대로 시간여유도 있고 학교 수업도 차근차근 진도가 나가지 않았던가요?

병규母 그렇죠. 제가 고등학교를 다니던 때만 해도 1학년 때에는 나름 고등학생 생활이 재미있었는데….

입사신 그렇지만 지금은 입학하자마자, 아니 입학식을 하기도 전부터 바로 보충수업이 시작되고 그 보충수업은 대입 수능 시험을 준비하는 형식으로 진행됩니다. 때문에 중학교 때부터 수능 방식에 익숙하지 않던 아이들은 혼란스러울 수밖에 없고, 적응을 하지 못하게 되면 낙오하게 되는 것이지요.

병규母 그렇다면 중학교 때부터 수능 식으로 학원수업을 시키거나 해야 한다는 말인가요?

입사신 꼭 그런 것은 아닙니다. 중학교 때부터 수능 방식으로 공부를 시키게 되면 일찍 지쳐서 오히려 역효과가 나는 경우가 대부분입니다. 안타까운 일이지만 일선 선생님들의 경험을 종합해 보면 학생들의 성격상 수능방식의 커리큘럼에 잘 적응하지 못하는 경우가 대부분이라고 할 수 있습니다. 솔직히 말하면 적응이라기보다는 적성문제라고 보는 편이 더 나을 수 있습니다.

수능시험은 학생의 성격적인 적응이 아주 중요합니다.

물론 일정 정도는 노력으로 성적을 올릴 수 있겠지만 그 한계는 인정해야 합니다. 그런데 학교나 부모님들은 어떻게 해서라도 성적을 올리려고 학원이나 과외 같은 사교육을 아이에게 더 투입하게 되니

아이가 거의 아노미 상태에 빠지지 않겠습니까?

고등학교에 올라가서 아무리 학원이다 과외다 해서 공부를 시켜도 늘 자기 성적 주위에서 제자리를 뱅뱅 도는 학생들이 대부분 이런 상황입니다. 부모님들의 마음이야 조금만 더 노력하면 아이가 공부를 잘할 수 있을 것 같지만, 실제로 아이들에게 필요한 것은 적절한 학습 스케줄과 자기충전의 시간이나 휴식 시간들입니다.

고등학교는 중학교와 아주 많이 다릅니다

병규母 그렇다면 방법을 좀 말씀해주세요…. 이제 원인은 알았으니 답을 좀 주세요.

입사신 자. 이제는 구체적으로 방법을 한 번 생각해 보겠습니다. 고등학교의 성적은 크게 두 가지로 나뉩니다.

수능성적과 내신성적

내신성적이야 중간고사와 기말고사를 말하는 것이기 때문에 잘 아실 것이고, 또 중요한 것이 수능성적인데 이 성적은 졸업을 하면서 한 번 시험을 치루기 때문에 미리 성적을 알 수 없습니다. 그래서 학교에서는 한 학기에 2~3회씩 연합 모의수능을 치릅니다. 모의 수능이라고는 하더라도 최소한 전국적으로 5만 명 이상 시험을 치르기 때문에 비교적 학생의 학업 수준을 정확하게 할 수 있습니다.

학교 내신성적이 상위 10% 이내라고 하더라도 모의고사 성적으로 보면 상위

병규母 실제 반영비율이 크지 않다니요?

입사신 워낙 학교들 간에 학력의 차이가 크기 때문입니다. 예를 들어 과학고의 1등급 3% 이내의 학생과 지방 일반고의 1등급 학생의 학력을 동일하게 평가하지 않는다는 것이지요. 더구나 일반고 사이에서도 엄연히 학력의 차이는 존재하거든요. 그런 차이를 대학 입학 평가 시 그냥 두고 보지는 않기 때문입니다.

그래서 대학 측에서는 예를 들어 '내신의 반영비율을 총점의 50%-500점으로 한다' 라고 하면서도 '각 등급 간 차이는 1점에서 1.5점 이내로 한다' 라고 하거든요. 그렇게 되면 내신 상위 3~4%인 1등급과 상위 40%인 4등급과의 차이는 4~6점에 불과하게 되고, 이 정도의 점수 차이라면 정시모집 수능에서 1문제만 더 맞추거나, 아니면 수시라도 논술이나 면접 또는 비교과 과목의 평가로 충분히 뒤집을 수 있는 정도가 되거든요.

또 공표된 것은 아니지만 수시모집 등에서 비공식적으로 학교별 가산점으로 상쇄하는 경우도 있고요

병규母 아니! 그렇다면 내신공부를 할 필요가 없잖아요? 안 그런

가요?

　　입사신 하하하. 그렇죠. 나타난 현상만 보면 내신공부를 따로 할 필요가 전혀 없습니다. 그러나! 학교 선생님들이 그렇게 하실 리는 없습니다. 내신과 수능과의 일체화를 시키면 되지 않습니까?

　　병규母 내신과 수능의 일체화?

　　입사신 그렇습니다. 중간고사나 기말고사 등 학생부에 들어가는 공식 시험들의 문제를 수능 방식과 똑같이 출제하는 것입니다. 그렇게 되면 자연스럽게 수능 준비도 되면서 내신성적도 나오게 됩니다. 더욱이 이런 방식으로 학교 시험을 운영하다보면 내신석차와 수능 모의고사의 석차가 상당히 유사하게 나옵니다.

　　병규母 그렇다는 말은 1학년 때부터 모의고사를 본다는 말씀인가요?

　　입사신 그렇죠. 고등학교에 입학하자마자 중간, 기말고사의 사이사이에 모의고사를 봅니다. 그래서 3학년 때 진짜 수능을 치룰 때 까지 적게는 20번에서 많게는 30번까지 모의고사를 봅니다. 중간, 기말고사 12번까지 합하면 거의 매달 1회 이상 수능 모의고사를 치르게 되는 셈입니다. 고등학생이 되면 말입니다.

　　병규母 세상에. 그런 상황이었군요…. 이런 상황이니 고등학교 시험생활에 적응하지 못하면 성적이 떨어지게도 되어 있네요. 불쌍해라….

　　입사신 학생들이 제일 어려워하는 것은 고등학교에 올라갔더니 갑

자기 엄청난 시험이 기다리고 있더라는 것입니다. 처음 몇 번은 시험 진도를 따라서 공부를 해보는데 당연히 실패를 하게 되죠. 수능 방식의 모의고사가 중학교 내신 시험처럼 시험범위만 달달 공부한다고 해서 성적이 나오는 것이 아니거든요.

병규母 그렇다면 어떻게 준비해야 하나요? 정말 답이 없네, 없어….

입사신 아닙니다. 그렇지 않습니다. 방법이 없으면 그 많은 고등학생들이 어떻게 대학시험을 보고 합격을 하겠습니까? 다만 영리한 학생들은 스스로 그런 고등학교의 상황에 빠르게 적응한다는 점이 다를 뿐이고, 조금 늦는다고 하더라도 주위에서 잘 도와준다면 문제없이 고등학교 생활을 잘 할 수 있습니다.

병규母 병규는 학원을 계속 다니고 있고, 학원에서도 고등학교에 잘 적응할 수 있도록 커리큘럼을 잘 짜서 진행할 텐데 같은 학원에 다니는 학생들 사이에도 차이가 생기는 이유가 무엇인가요?

입사신 고등학생이 된 상황이라면 중학교 때까지의 기본적인 교육이 잘 되어 있느냐는 차이가 있습니다. 요즘은 상위권 20~30% 이내의 학생들이라면 이미 학원을 다니고 있고, 학원들에서는 이미 1년 이상 선행학습을 시켜왔습니다. 때문에 같이 선행학습을 받은 학생들 중에서 단순히 진도만 나간 학생들이 있는가 하면, 내용을 속속들이 잘 배운 학생들도 있으니 서로 간에 차이가 발생하게 되죠.

그런데 선행학습의 내용을 잘 익히지 못한 학생들도 일단 선행 과정은 마쳤다는 이유로 자기 학년 수준의 학습을 하기 보다는 또 새로운 선행에 매달리는 경우가 대부분이기 때문에 악화된 성적이 반복되거나 오히려 추락하는 경우가 생기고 맙니다.

학원들의 입장에서는 학생이 제대로 따라오지 못한다는 것을 알면서도 낙오시켜서 재교육을 시킬 수도 없습니다. 그렇게 되면 부모님들이 싫어하기 때문에 적당히 앞에 닥친 시험 준비만 시키면서 계속 앞으로만 나갈 수밖에 없습니다. 이것은 정말 안타까운 일입니다.

병규母 그렇다면 고등학교에 가서 그런 실수를 하지 않으려면 어떻게 해야 하나요? 말씀을 들으면 들을수록 답답하기만 하네요.

입사신 우선 학부모님의 결단이 필요합니다. 자녀의 성적이, 특히 모의고사 성적이 제자리라면 결단을 해야 합니다.

만일 그런 결단을 해야 하는 때가 1월~3월 중이고 고등학교에 올라가는 신입생이라면 우선 중학교 3학년 수준의 수학과 과학, 국어 과목을 빠르게 '심화 복습' 을 시키시는 것이 좋습니다. 그리고 2학년에 올라가는 학생이라면 수학10 가, 나와 고교기본영어 부분을 빠르게 복습, 3학년에 올라가는 때라면…. 음…. 이때는 이미 늦었으니 일정 기간을 정해서 1, 2학년 수준의 모의고사 문제를 가능한 대로 많이 풀어보게 하는 것이 좋습니다.

이런 복습을 하는 기간은 그리 길지 않아도 됩니다. 이미 다 지나온 과정을 진행하는 것이기 때문에 1~2주면 지나 온 과정들을 충분히 복습이 가능합니다. 꼭 하는 것이 좋습니다. 그런데 문제는 학생들이 이런 복습을 하려고 하면 다 아는 것 같은 생각을 하는 것이 문제입니다. 다시 말해서 제대로 알지도 못하면서 막상 공부를 하려면 지루해진다는 것입니다. 이거, 정말 힘듭니다.

병규母 그러면 어떻게 하나요? 할 수도 없고 하지 않자니 불안하고….

입사신 이럴 때 필요한 것이 재충전의 시간입니다. 만일 2주간에 걸쳐서 집중 복습을 하게 된다면 가운데에 재충전할 수 있는 활동을 넣으면 의외로 학생들이 좋아합니다.

병규母 아! 그렇다면 입학사정관제 프로젝트 같은 활동을 꾸준히 하고 있으면 도움이 되겠군요.

입사신 그렇습니다. 바로 이런 것 때문에도 학생들이 자기가 갖고 있는 특기와 장점을 살린 활동을 지속적으로 진행하고 있다면 도움이 됩니다. 학생들의 하루는 정말 갑갑합니다. 경험해서 아시겠지만 그 원기 왕성한 시기에 고 1때부터 하루에 15시간 같은 의자와 책상에 앉아서 책만 본다는 것이 얼마나 힘든 일인지….

병 규 맞아요, 맞아. 우리들이 얼마나 고생하는데요….

입사신 하하하. 당사자가 자기 입으로 그런 말을 하기에는 좀~. 그런데 중요한 것은 학교와 학원 공부와 프로그램들을 얼마나 잘 조율해서 모두 다 잘 진행될 수 있도록 하느냐는 것입니다.

고등학교에 올라가면서 성적이 갑자기 떨어지는 경우

입사신 자, 이제는 본격적으로 내신성적을 올리는 방법을 한 번 생각해 보기로 하지.

병　규 저는 중간고사나 기말고사를 앞두고 2주에서 3주 전부터 시험공부를 시작하거든요. 학원에서도 내신 시험 준비를 그때부터 시작하고요.

입사신 그렇지, 대개는 그때부터 시험 준비를 시작하게 되지. 선생님들이 시험범위를 알려주시는 때도 그때가 되니까 말이야. 그렇다면 대부분의 학생들이 같은 조건에서 시험을 보는데 성적 차이는 엄청나게 많이 나거든….

병규母 저도 병규가 내신 시험공부를 하는 것을 보면 열심히 하는 것 같은데 생각보다 시험점수가 잘 나오지 않아서 매번 속이 상하거든요.

입사신 요즘 내신용 중간고사와 기말고사를 출제하는 선생님들도 기본적으로 수능시험의 패턴을 따라서 출제하기 때문에 어찌 보면 내신 시험공부를 한다는 것을 별도의 시험으로 생각하지 않는 것이 좋습니다. 그러나 시험은 시험인지라 분명히 준비하는 방법이 있습니다.

병　규 무슨 비법이라도 있는건지….

입사신 있지. 그런데 너무 평범해서 말이야….

병　규 에이. 알겠다. 열심히 예습하기, 복습 열심히 하기…. 뭐 그런 것 아닌가요?

입사신 하하하. 들켰네. 그렇지만 한 가지는 확실하게 말해 두지. 요즘 공부는 질적인 수준도 신경을 써야 하지만 절대적인 양의 문제도 해결해야 할 것이지.

병　규 양의 문제라고하면 많이 공부를 해야 한다는 건가요? 어흑~.

입사신 그렇지. 절대적인 양의 문제는 성적을 올리기 위한 가장 기본적인 조건이지. 병규 학생 자네는 수학의 경우는 어떻게 시험공부를 하지?

병　규 대략 2주쯤 전에 시험 준비를 시작하고요, 우선 교과서 문제들을 다 풀어 보고 그 다음은 학교 부교재 문제를 다 풀어 봅니다. 그리고《수학의 정석》같은 좀 어려운 문제집을 풀어봅니다.

입사신 그러면 그때까지 교과서 문제를 다 풀어 보지 않았다는 말이야?

병　규 뭐. 거의 다 풀기는 하지만 연습문제 일부는 수업시간에 다 풀지 않고 지나가거든요.

입사신 아~ 그렇군. 학생의 문제점은 바로 그거였어. 원칙적으로 학교 교과서는 수업시간을 전후로 하여 무조건 다 풀어서 시험공부가 시작되는 시점에서는 교과서 수준의 문제는 완벽하게 해결해 놓아야 하는데 그것이 부족하기 때문에 점수가 밀리는 것이라고.

병　규 에이~ 그래도 그렇지. 교과서 문제를 다 푸는데 하루 이틀밖에 안 걸리는데….

입사신 문제가 그리 간단하지 않거든. 교과서 문제를 다 푸는 데 걸리는 날짜만큼 문제집을 추가로 더 푸는 날이 모자라게 되는 것이고, 그러다보니 《수학의 정석》과 같은 고난도 문제를 풀 수 있는 날짜가 부족해서 결국 시험을 보게 되면 꼭 몇 문제를 더 틀려서 석차가 올라갈 수 없는 것이지. 이런 것을 시험공부의 '나비효과' 라고 하면 될 것이야.

병규母 '나비효과' 라. 흠~.

병　규 그렇다면 시험 준비를 하는데 좀 더 많은 문제를 풀어야만 한다는 말인가요?

입사신 당연히 그렇지. 학생의 성적이 내신 상위 40% 이내에만 들면 결국 얼마나 많은 문제를 풀어 보느냐가 승패를 가르는 관건이 되는 것이야. 실질적으로 실력의 차이는 거의 없다는 말이지. 학교에 가서 최상위권 학생과 그 아래 성적 수준의 친구들에게 확인을 한 번 해 보라고. 시험 공부 때 푸는 문제의 양과 점수는 비례하거든.

병규母 그러면 많지 않은 학습량이 성적의 차이를 만든다는 말이죠? 그렇다면 문제집의 수준은 어떻게 선정해야 하나요?

입사신 자기의 실력에 맞는 문제집이면 됩니다. 굳이 너무 어려운 문제집을 골라서 끙끙거리면서 시간을 낭비하는 것보다 자기 실력에 비교해서 약간 어려운 정도의 문제집을 선택하여 하나도 빼지 말고 모두 다 자기 것으로 만들어 놓는 것이 좋습니다.

그리고 아주 작은 차이로 성적의 차이가 생긴다는 것은…. 그렇습니다. 당연합니다. 국가대표끼리의 축구경기를 보면 기껏해 봐야 한두 골 차로 결판이 납니다. 우리나라가 세계최강인 브라질이나 이탈리아와 대전을 해도 특별한 상황이 아니면 한두 골 차이로 지게 되는데 그 결과로 우리나라는 세계 50위권이고 그 나라들은 세계 1, 2위를 다투고 있는 것입니다.

병 규 수학은 시험공부가 시작되기 전에 수업시간에 쓰고 있는 교과서와 문제집은 모두 풀어서 확실히 익히고, 시험공부 기간에는 최소한 두 권 이상의 문제집을 완벽하게 풀어 본다. 이것 맞지요?

입사신 한꺼번에 모든 것을 다 해결할 수는 없으니까 일단 한 가지씩 정리하고 넘어가자고.

1. 기본적으로 내신 성적 대비는 반드시 예습과 복습을 할 것
2. 학원에서 수업을 한다고 해서 그런 수업만 따라가다 보면 정작 학교 진도와 같은 내신을 위한 필수적인 공부가 소홀해져서 석차가 올라가는 것이 멈추고 만다는 것을 반드시 기억할 것

병 규 시간도 없는데…. 학원도 다니고 하려면….

입사신 학교 자율 학습시간이나 기타 짬짬이 시간을 내서라도 반드시 학교 진도에 따른 공부 분량은 마침표를 찍어야 한다니깐! 요즘 학교에서 선생님 몰래 학원 숙제 하는 친구들 많지?

병 규 그럼요. 많죠.

입사신 그 친구들 성적이 어때?

병　규 하하하, 뭐 그렇죠….

입사신 거봐~. 그러니 반드시 공부를 해야 하는 것이야.

학원 수업은 기본적으로 내신을 위한 수업이 아니라 수능을 위한 수업을 하거든. 물론 내신 시험기간이 되면 따로 수업을 해 주기는 하지만 그것이 학교 수업을 대체할 수는 없거든. 당연하지 않나? 시험 출제를 하시는 선생님들이 가르쳐 주는 것이 더 중요하다는 것 말이야.

병규母 그렇군요. 이 녀석이 집에 와서도 공부는 많이 하는 것 같은데 성적이 늘 제자리를 뱅뱅 돌아서 이상하다고 생각했는데, 설명을 듣고 보니 학원 수업과 학교 수업이 충돌을 일으켜서 그런 것이로군요.

입사신 아! 네~ 맞습니다. 컴퓨터에서 프로그램들끼리 충돌을 일으켜서 고장이 나는 경우와 똑같습니다.

병　규 그럼 예? 복습만 철저하게 하면 내신은 꽉 잡을 수 있을까요?

입사신 그렇지. 당연히. 그런데 다시 한 번 반복해 줄 이야기는, 사전에 계획을 세워서 그 계획에 따라서 서두르지 말고 철저하게 실시하라는 것이야.

그래야 입학사정관제 프로젝트도 할 시간이 생기는 것이지. 이 프로젝트는 따로 시간이 남아서 하는 것이 아니라 버려지는 자투리 시간을 모아서 하는 특별활동이니까 말이야.

병　규　네, 감사합니다. 앞으로 열심히 공부하고 준비해서 꼭 좋은
결과를 만들어 보겠습니다.

입사신 부디 바라던 바를 이루기를 기도하겠네.

병규母 감사합니다. 선생님.

키포인트

자기주도형 체험학습과 입학사정관제 프로젝트, 이렇게 하면 대학 합격의 지름길이 된다

1) 학교 내신공부를 열심히 할 것

입학사정관제나 자기주도형 학습의 효과는 학교 성적을 더욱 빛나게 해 주는 도우미입니다. 아무리 프로젝트가 잘 만들어졌다고 하더라도 대학에서 학문을 연구할 수준이 되지 않는다면 그 학생이 진행한 프로젝트는 빛을 잃게 됩니다.

대학은 단순한 직업 교육 기관이 아니라 학문을 연구하는 곳이고, 대학에서 공부를 할 수 있는가에 대한 기본적인 판단은 학교성적, 곧 내신성적으로 판단하게 됩니다. 다만, 학교 내신 정석이 다소 부족하더라도 프로젝트에서 열정을 보여 주고 자신의 능력을 확인시킬 수 있는 학생이라면 그런 부족함을 충분히 커버해 줄 수 있는 것이 입학사정관제라는 점을 꼭 기억하셔야 합니다.

같은 성적이면 프로젝트를 갖고 있는 학생이 더 우수하다고 평가될 것이고, 성적이 다소 낮다고 하더라도 프로젝트에서 열정과 능력을 보여 주었다면 다시 한 번 경쟁할 수 있는 기회가 주어질 것입니다.

그러나 성적과 열정이 모두 다 부족하다면 고려의 대상이 될 수 없습니다.

2) 학교 공부와 프로젝트는 상호 보완적인 것

학교 공부를 하느라 프로젝트가 제대로 진행이 되지 않았다거나, 프로젝트 때문에 학교 공부에 소홀했다는 것은 결국 학생의 능력이나 열정이 부족하다는 결정적인 증거가 됩니다. 공부와 프로젝트는 서로 도움이 되도록 유기적으로 진행해야 합니다. 학교 공부에 지친 몸과 마음을 프로젝트를 하면서 다시 재충전하고, 또 프로젝트로 부족해진 학문에 대한 열정을 공부하면서 단단히 챙기는 것이 성공의 지름길입니다.

3) 중간에 포기하지 말 것

고등학생의 때는 가능성의 시기이지 자아가 완성된 시기가 아닙니다. 때문에 공부나 프로젝트(특기활동) 모두 완성된 결과물보다는 과정의 진실성과 열정이 가장 중요한 평가 항목이 됩니다. 때문에 처음 시작할 때의 계획보다 목표에 도달하지 못했거나, 만족하지 못하다고 해서 미리 겁을 먹고 포기하는 모습은 가장 나쁜 결과를 만들어 내게 됩니다.

지치지 않고 끝까지 포기하지 않는 모습을 보여 주는 것이 오히려 입학사정관들에게 큰 감동을 줄 수 있습니다. 또한 학생 스스로 감당하기 어렵다고 해서 주변에서 도움의 손길을 지나치게 많이 주는 것도 학생의 능력이나 열정을 의심하게 만들 수 있는 위험한 행동입니다. 점수로 모든 것이 결정되던 입시에 너무나도 익숙해진 나머지 성급하게 결과만 기대하는 것은 절대로 피해야 합니다.

입학사정관제, 자기주도형 체험학습 진행의 팁

1) 인터넷 블로그나 카페를 적극 활용할 것

프로젝트들의 진행은 투명하고도 능동적이어야 합니다. 다시 말하면 누구라도 활동하는 모습을 살펴보고 동참하거나 평가할 수 있는 모습을 보여 주는 것이 좋습니다. 또한 진행하는 학생 자신이 지나 온 과정을 항상 되돌아보면서 피드백 활동을 할 수 있는 것이 바람직합니다. 때문에 인터넷 블로그나 카페에 활동 상황을 즉시 업로드하게 되면 프로젝트의 진행에 큰 도움이 될 것입니다.

2) 팀 단위로 활동할 것

프로젝트는 단순히 결과물만을 요구하는 활동이 아닙니다. 그 진행 과정 중에서 설정한 목표를 달성하기 위한 활동과 문제 발생 시 해결하는 모습 등을 종합적으로 보여 주어서 입학사정관들이 학생의 능력과 열정을 판단할 수 있도록 해야 합니다.

이런 판단을 내리는 데 아주 큰 도움이 되는 것이 바로 리더십입니다. 리더십은 과거 권위주의 시대의 일방적인 명령의 시대와는 달리 토론과 대화, 그리고 그 가운데서 공통의 목표를 세우고 달성해 나가는 리더십을 말합니다. 때문에 가능하면 선후배나 기타 여러 사람들과 함께 프로젝트를 기획하고 진행하는 모습을 보여 주는 것이 좋습니다. 특히 혼자서 하면 쉽게 지치지만 여럿이 같이 하면 서로 격려나 자극을 주게 되어 프로젝트의 진행에 추진력이 커지게 됩니다. 물론 여럿이 하다 보면 갈등도 생기지만 그런 갈등을 조정하고 타협해 나가는 과정도 아주 멋진 결과물이 될 수 있습니다.

3) 봉사활동과 연계할 것

이제 앞으로의 인재는 단순히 유아독존, 독야청청한 능력자가 아니라 자기 주위를 둘러보면서 이웃의 아픔을 함께할 수 있는 따뜻한 마음의 소유자입니다. 세계 최고의 부자인 빌 게이츠나 워런 버핏이 그들의 큰 부에도 불구하고 많은 칭찬을 받는 이유도 바로 자기 주위의 어려운 이들과 함께하려는 마음 씀씀이 때문입니다. 모든 프로젝트는 봉사활동과 연계 될 수 있습니다. 직접 방문해서 봉사활동을 하든지 아니면 모금 활동을 하는 등의 방법을 통해서 봉사활동이 포함되면 프로젝트의 진정성이 더욱 빛날 것입니다.

4) 과감하게 외국과 연계된 프로젝트를 시도해 볼 것

아직도 우리나라 학생들은 외국과 연계된 활동에 대해서 부담감이나 거부감을 갖고 있습니다. 큰 돈을 들여서 외국에 나가야만 뭔가 세계적인 활동을 할 수 있다고 판단하는 것입니다. 그러나 지금의 세계는 인터넷으로 하나가 되어 있으며, 트위터나 블로그 등을 통해서 실시간으로 전 세계로 소식을 전할 수 있습니다.

프로젝트를 진행하면서 외국의 학생들 중에서 유사한 프로젝트를 진행하고 있거나 관심이 있는 사례를 찾아서 연락을 해 보십시오. 생각 외로 좋은 결과를 얻을 수 있습니다. 그래서 서로 교류를 하다 보면 직접적으로 함께할 수 있는 방법이 생깁니다. 또한 이런 프로젝트를 진행하는 데 있어서 국내에 있는 외국의 공관이나 해외에 나가 있는 우리나라 공관이나 기관 등을 적극적으로 활용하는 것도 방법입니다.

문제가 되는 것은 '설마 되겠어?' 라고 스스로 문을 닫아 거는 것입니다.

오히려 '해 보면 되지!' 라고 적극적으로 나서는 것이 성공을 향한 지름길입니다.

　과거 현대그룹의 고 정주영 회장님이 늘 하셨던 말씀을 기억합
시다.
　"해봤어?"

과거 현대그룹의 고 정주영 회장님이 늘 하셨던 말씀을 기억합

"해봤어?"

실전 입학사정관 프로젝트
자기주도형 체험학습 사례 31

제 2 부

　이제 본격적으로 입학사정관들을 감동시키기 위한 프로젝트를 함께 연구해 보겠습니다. 그러나 분명히 밝혀 두는 것은, 이 프로젝트들은 단지 프로젝트들을 기획하기 위한 사례에 불과하고 이런 사례들을 참고로 하여 학생들 스스로가 자신에게 가장 알맞은 프로젝트들을 직접 만들어 보는 것이 중요합니다. 내가 좋아하는 것이 있다면 주저하지 말고 여러 가지 방향으로 구체화하는 작업을 진행하시기 바랍니다. 구상이 다 완성되었다면 이미 그 계획의 50%는 완성된 것입니다. 시작이 반이니까요. 일단 시작을 하고 나면 그 스케일이 점점 더 커져서 아주 멋진 결과물이 될 수도 있고, 반대로 아주 작은 한 부분에만 집중해서 깊이 있는 결과물이 도출될 수도 있습니다.

　제시되는 프로젝트들은 입학사정관들이 검토하는 여러 가지 부분을 종합적으로 담아 낼 수 있도록 다양한 방향으로 풍성하게 기획을 했습니다. 그렇기 때문에 학생들이 실제로 진행을 하게 되면 내용 중에서 상당 부분은 실행에 옮기지 않아도 되는 경우가 있을 것입니다. 그럴 때는 주저 말고 하고 싶은 그대로 진행하시기 바랍니다. 제일 중요한 것은 실제로 학생들이 프로젝트들을 완성시키는 것이지, 계획에 맞추느라 무리를 할 이유는 전혀 없습니다. 또한 학생들이 좋다고 판단한 것이 가장 적절할 수 있습니다. 그러니 어떤 가능성이라도 절대로 포기하지 말고 실행에 옮겨 보시기 바랍니다. 그리고 진행하다가 중간에 방향을 바꾸거나 콘셉트가 변경되더라도 머뭇거리지 말고 쭉 진행하기 바랍니다. 여러분들의 미래에는 정답이란 것이 있을 수 없고 다만 희망과 가능성만이 있기 때문입니다.

이 프로젝트들은 하루아침에 뚝딱 완성되기 어려운 것들이 대부분입니다. 그렇기 때문에 학생들이 개별적으로 기획안을 만들기 어려우면 그냥 있는 그대로를 진행해도 상관없을 것입니다. 중요한 것은 과정과 결과이기 때문에 이런 프로젝트들이 짧게는 1년에서 수년 동안에 걸쳐서 꾸준히 진행되었다면 그것이야말로 대단한 성과라고 할 수 있을 것입니다.

봉사활동

　봉사활동이라면 학생들은 보통 귀찮아합니다. 중학교 때부터 연간 20시간이라는 시간을 채우기 위한 의무 과정으로 알고 있기 때문입니다. 그러나 이러한 봉사는 사회를 이끌 리더로서 갖추어야 할 기본적인 요소입니다. 타인에 대한 동정과 연민을 갖고 있지 않은 사람이 능력만 갖고 있다면 사회에 해악을 끼치는 사람이 될 가능성이 오히려 높을 수 있기 때문에 앞으로의 사회에서는 더욱 요구되는 인성이라고 할 수 있습니다. 과거 우리나라가 급속한 성장기 속에 있을 때에는 주변을 돌아볼 여유도 없을 뿐더러 함께 잘 살 수 있는 최소한의 경제적인 여건을 만들기 위해서 효율성에 집착했습니다. 그러나 이제는 사회적, 경제적인 여건이 선진국 수준에 도달하고 있는 상황이고 나눔의 의미는 앞으로의 지속 가능한 발전의 기본적 전제가 되고 있습니다. 때문에 사회적인 리더를 길러내야 하는 대학에

서 반드시 요구하는 소양이 바로 타인에 대한 배려, 즉 봉사의 마음
입니다.

　더구나 봉사활동을 한다는 것은 자신의 시간을 최대한 효율적으
로 활용한다는 것을 의미하기 때문에 자기 관리를 잘 할 수 있는 능
력을 보여 주는 증거가 되기도 합니다. 남들과 다른 앞선 사람이 되
기 위해서는 모두에게 똑같이 주어진 시간을 남보다 더 효율적으로
사용해야만 합니다. 같은 성적의 학생이라면 봉사활동을 더 한 학생
이 더 능력이 있다고 보는 것이 당연하지 않겠습니까?

학교 내 봉사활동

　봉사활동의 기본은 학교 내 활동입니다. 그런데 학교 내 봉사활
동이라고 하더라도 창의적이고 적극적인 활동을 하게 되면 굳이 거
창하기만 한 외부 활동보다도 더 평가를 받을 수 있습니다. 진정한
봉사의 모습은 '고생을 하는 모습' 에 있다기보다는 '다른 사람들
에 대한 사랑과 연민의 감정' 이 나타나는 곳에서 나타납니다. 수동
적으로 정해진 일만 하는 것이 아니라 학교의 친구들이나 선생님들
께 필요한 구체적인 활동을 하는 것이 평가받을 수 있는 봉사활동
입니다.

1) 누가 : 친구들의 봉사활동을 위해서 중간 역할을 해주는 나

2) 왜 : 봉사는 선택이 아닌 필수인데도 여러 가지 사정으로 어려운 이웃을 돕는 데 한계가 있습니다. 이런 친구들이 어려운 이웃들에게 도움을 줄 수 있도록 중간에서 적극적인 역할을 합니다.

3) 어디서 : 교내 봉사입니다.

4) 활 동 : 봉사의 기본은 시간과 비용을 투자하는 것입니다. 인간의 기본적인 속성상 자신의 시간이나 돈을 타인을 위해서 쓰게 되면 상대에 대한 관심이 생겨납니다. 그리고 그런 관계가 계속되면서 본격적인 봉사활동으로 연결됩니다. 그런데 우리나라 학생들의 경우는 당장 코앞에 닥친 입시경쟁에 매몰되어 봉사활동이나 기부활동을 하고 싶어도 할 수 없는 경우가 대부분입니다. 그런 친구들을 위해서 여러 봉사기관들을 찾아내어 학생들에게 제시해 주고 참여할 수 있도록 도와주는 활동을 합니다.

구체적으로 학생들이 봉사활동에 필요한 정보를 체계적으로 잘 알 수 있도록 인터넷뉴스(블로그)를 개설하여 운영하며, 내용은 일반 뉴스사이트와 유사하게 운영합니다. 내용은 직접 취재를 해서 올리

는 것을 기본으로 하며, 그 봉사기관을 취재할 때는 직접 봉사활동에 참여해 봅니다. 또한 친구들이 그 기사 내용을 보고 봉사활동을 할 경우 취재를 하거나 봉사를 한 본인이 직접 글을 올릴 수 있도록 유도하는 것이 좋겠습니다.

이 블로그의 기본 구성은 학교나 봉사활동 중계기관에서 제공하는 정보를 기초로 하면 됩니다. 봉사활동 기관들을 각 내용별로 분류하고, 봉사활동의 형태와 시간소요, 필요한 봉사활동 내용 등을 구별해서 올려 놓으면 그것만으로도 상당한 콘텐츠가 됩니다. 그리고 각 분류 그룹별로 담당자를 정하여 봉사활동을 실제로 해 보거나 취재를 하여 그 내용을 올려 놓게 되면 상당한 볼륨의 콘텐츠를 갖춘 블로그로 활성화될 수 있습니다.

이 프로그램은 혼자서 하기에는 벅찬 대형 프로젝트이기 때문에 후배와 친구들을 모아서 동아리 형태로 운영하는데, 매년 기수로 선후배가 지속적으로 연결될 수 있도록 진행합니다. 이 프로젝트는 그냥 봉사만 한 것보다 다양한 성취감을 맛볼 수 있으며, 그룹 활동을 통한 리더십 훈련을 비롯하여 대학이 원하는 학생상을 그대로 보여 줄 수 있다는 장점이 있습니다.

5) **성과물** : 운영하게 되는 봉사뉴스 사이트가 가장 큰 성과물이 될 것이며, 동아리를 운영하면서 확보된 봉사시간도 직접적으로 도움이 됩니다. 역시 이런 활동을 한 내용들을 잘 정리해서 공

지역봉사정보카페(따듯한 세상 만들기(수원) cafe.daum.net/swddase

식적으로 출판사를 통해서 출판을 할 수도 있으며, 꼭 공식적인 출판이 아니라고 하더라도 동아리 회지 형식으로 연간 회지나 상하반기 회지를 발행하는 것도 바람직합니다.

6) 학과진로 : 우선 각종 정보를 모아서 뉴스 형태로 친구들에게 제공했기 때문에 신문방송학과나 사회학과 등이 좋을 것입니다. 그리고 사회사업과, 사회복지학과 등과도 잘 맞습니다. 그 외에도 다양한 경험을 글로 풀어내는 훈련을 했기 때문에 어문계열에 지원해도 입학사정관들에게 좋은 인상을 심어 줄 수 있습니다.

학교 외 봉사활동

학교 외 봉사활동은 정말 힘이 드는 활동입니다. 우선 그 대상을 선정하는 것이 쉽지 않습니다. 중학교 때에는 관공서에서 시간 때우기 식으로 학년 당 20시간만 채우면 되었지만 입학사정관제에서 평가를 하는 봉사활동은 단순한 육체노동이나 시간 채우기가 아니기 때문입니다. 교외 봉사활동은 다양한 종류가 있기 때문에 우선적으로 자신의 적성이나 관심사에 맞추어 봉사활동을 하는 것이 중요합니다. 또한 봉사활동이 제대로 인정을 받기 위해서는 꾸준한 모습과 어느 분야에서 활동을 했는가가 중요합니다. 앞에서 언급하기도 했지만 자신이 갖고 있는 능력을 활용하여 봉사활동을 할 수 있으면 금상첨화입니다.

아래의 사례에서 보듯이 지역아동센터에서 봉사활동을 하면서 iBT 100점의 어학실력을 활용하여 지역아동센터 아이들에게 영어회화를 꾸준히 지도했다면 이 학생은 정말 글로벌 리더십을 갖고 있다고 인정할 수 있을 것입니다. 또한 과학 분야에 관심과 능력이 있다면 주1회씩 과학탐구 실험을 실습시켜 줄 수도 있을 것입니다.

'지역 아동 센터' 봉사활동

1) 누가 : 진짜 봉사를 통해서 삶의 가치를 알고자 하는 학생

2) 왜 : 가까운 곳에도 봉사의 손길을 기다리는 많은 사람들이 있습니다. 그들과 함께 함으로써 진정한 봉사의 의미를 알 수 있습니다.

3) 어디서 : 학교 외 봉사활동이며, 내가 사는 지역의 아동센터와 연결하여 봉사를 할 수 있습니다. 아동센터는 공인 기관이기 때문에 봉사활동 확인도 받을 수 있습니다.

4) 어떻게 : 전국에는 각 지역별로 지역아동센터가 운영되고 있습니다. 아동센터에 대한 정보는 '지역아동정보센터(www.icareinfo.info)' 와 '한국지역아동정보센터연합회(www.hjy.kr)' 를 통해서 알 수 있습니다. 거의 대부분이 시 단위 지역의 동 단위로 설치되어 있습니다. 얼마 전까지 동당 1개소가 있었으나 최근 주위 800m 이내에 다른 아동센터가 없으면 개설이 가능하게 되어 취약 계층이 많이 사는 지역의 경우는 한 지역에도 다수의 아동센터가 운영되고 있습니다.

'지역아동센터' 는 지역 내 취약계층의 아동들(초등학생~중학생까

지)을 대상으로 하여 보호와 교육을 제공하는 기관으로 다양한 프로그램으로 운영되고 있습니다. 아동센터의 운영은 기본적으로 정부 보조금과 각종 후원금을 통하여 진행되는데 대부분의 아동센터가 재정이 넉넉하지 않기 때문에 전임으로 근무하시는 분들도 아주 박한 급여를 받고 있고, 다양한 프로그램을 운영하는 데 한계가 있습니다. 때문에 자원봉사자들의 도움이 절실하게 필요합니다. 아동센터에서 활동하기 위해서는 학생들이 먼저 스스로가 갖고 있는 능력을 살펴보고 가장 알맞은 것에 집중하는 것이 좋습니다. 단순하게 찾아가서 청소하고 심부름이나 하는 것은 입학사정관제에 대비한 전문적인(!) 봉사의 의미에도 맞지 않을 뿐만 아니라 센터에서도 반기지 않습니다. 구체적으로 개인 프로그램을 준비하여 시설장님과 의논을 하는 것이 좋습니다. 또한 일회성이 아니라 매주 몇 회씩 고정적으로 찾아가서 봉사를 하는 시간을 만들어야 합니다.

물론 하다 보면 힘들고 어려운 순간들도 있지만 아이들이 고마워하는 모습을 보면 보람을 느끼게 됩니다. 진정한 봉사의 의미를 알게 되는 것입니다. 이렇게 몇 년씩 사람에 대한 따뜻한 마음을 갖고 있고 꾸준히 노력을 할 수 있는 학생이라면 대학의 입장에서는 정말 매력 있는 학생이 아닐 수 없습니다.

또한 집에서 가까운 곳의 아동센터를 찾을 수 있기 때문에 크게 시간의 제약을 받지 않고 활동을 할 수 있다는 장점도 있습니다. 매일 학원에 가야 하는 학생들의 경우는 조금 힘들 수 있지만 주중 1~2회 또는 주말을 활용하여 짬을 낸다면 불가능한 것만도 아닙니다.

다만 각 지역아동센터마다 운영 방향과 이용 아동 유형, 재정상황 등이 다르기 때문에 사전에 자신들이 봉사활동할 수 있는 내용을 잘 정리하고, 시설장님과 충분한 협의를 해야 합니다.

· 학습 봉사

중학생이면 초등학생의 학습을 도울 수 있습니다. 고등학생이면 당연히 중학생까지 가르칠 수 있습니다. 물론 처음에는 학습 보조로 시작을 하지만 얼마 지나지 않아서 직접 학습 지도를 할 수 있을 것입니다. 학습봉사는 실제로 본인에게도 많은 도움이 됩니다. 초등학교 저학년 아동의 경우는 전 과목을 도와줄 수 있고, 고학년은 다른 친구들과 함께 과목을 나누어서 맡아보면 좋습니다.

단순하게 학과목을 지도해주는 것보다는 자신이 갖고 있는 특기를 활용해서 지도를 해주는 것이 더 의미가 있을 것입니다. 또한 교재를 직접 편집해서 사용하는 것도 좋은데 그렇게 만든 교재를 모두 모아보면 책으로 묶어서 낼 수도 있습니다.

· 예체능 봉사

그림 그리기나 악기를 다루는 실력이 있다면 특기 활동으로 지도를 할 수도 있을 것입니다. 어려운 환경의 아동들에게 예·체능 활동은 삶의 활력소와 같은 것입니다. 마음속에 있는 응어리들을 그림이나 노래, 연주, 운동을 통해서 해소할 수 있습니다. 실제로 해 보면 무척 재미있는 경험이 됩니다.

특히 요즘 학생들이 좋아하는 댄스강습도 아주 좋은 프로그램입니다. 친구들과 함께 즐기는 춤을 그냥 자기 소비가 아닌 다른 사람들을 위해서 쓴다면 1석2조가 됩니다. 또 아동들과 함께 동영상 UCC를 만들어보는 프로젝트를 진행해 보는 것도 좋은 프로그램입니다. 이 프로그램은 지역아동센터연합회 등의 콘테스트도 있어서 참여하면 좋습니다.

· **과학실험, 외국어 회화 봉사**

이 두 가지는 아동센터의 대표적인 프로그램입니다. 과학실험은 이과계열 학생들이면 재미있게 지도할 수 있을 것이고, 외국어 회화는 문과계열의 학생들에게 알맞습니다.

과학실험 프로그램은 시중에 나와 있는 '어린이 과학실습' 서적을 한두 권 사서 참고하면 됩니다. 초등학생을 대상으로 하는 대부분의 실험은 대단한 실습도구를 필요로 하지 않기 때문에 준비물도 간단합니다. 주1회나 월1~2회 정도 일정을 짜서 진행을 하면 됩니다.

외국어 회화 프로그램은 자신 있는 또는 공인 시험 성적이 있는 언어를 선택하면 되고, 가능하면 몇몇 친구들이 팀을 짜서 매일 진행하는 것이 좋습니다. 팀워크 활동도 되고 어학 실습도 됩니다. 교재는 서점에 가면 엄청나게 많이 있기 때문에 자신이 봉사할 아동센터

지역아동정보센터 　　　　　　　　　　한국지역아동센터연합회

의 수준에 맞추어 한 권 구입해서 복사해서 쓰면 됩니다. 물론 CD나 MP3 파일은 당연히 활용 해야겠지요.

· 인터넷 홍보

학생들이 많이 갖고 있는 인터넷 활용능력을 이용하여 블로그나 미니홈피를 잘 운영하는 것도 매우 도움이 됩니다. 인터넷을 통하여 아동센터의 활동들이 잘 알려지면 후원회원을 모집하거나 봉사자들을 모집하는데 엄청난 도움이 됩니다. 홈페이지나 카페, 블로그를 잘 관리하여 아동센터의 운영에 도움을 줄 수 있으면 제대로 된 봉사활동을 한 것입니다. 그리고 의외로 아동들도 카페나 블로그의 운영에 관심이 많고 적극적입니다. 잘 이끌어 주면 좋은 교육 봉사가 될 수 있습니다.

5) 성과물 : 봉사활동 확인서는 당연히 받을 수 있기 때문에 확실하

게 학생부에 기재가 됩니다. 그러나 그보다는 직접 활동한 내용들이 아주 중요합니다. 더구나 자신의 전공분야를 활용하여 봉사활동을 한 것이기 때문에 진행한 사진과 동영상, 인터넷 콘텐츠등도 잘 정리해 놓아야 합니다.

특히 외국어 회화나 과학경진대회 등에서 자신의 지도를 받은 아동이 수상을 한다면 정말 좋은 성과물이 됩니다. 이런 성과는 단순히 입학사정관 전형을 위한 성과물일 뿐만이 아니라 자신의 삶에서도 큰 도움이 되는 인격적인 성과물입니다.

인터넷을 통해서 초등학생을 대상으로 하는 크고 작은 대회를 확인해서 아동들과 함께 준비해서 참가하도록 합니다. 참가를 준비하는 과정과 결과를 통해서 입학사정관제 결과물 여부보다도 더 큰 보람과 기쁨을 얻을 수 있을 것입니다.

6) 학과진로 : 이런 봉사 실적이 100~200시간 이상이 넘어가면 당연히 사회사업관련 학과에 진학할 수 있으며, 자신의 전공을 살려서 봉사활동을 했기 때문에 지원하는 어느 학과라도 좋은 실적이 될 수 있습니다. 실력도 있으면서 따뜻한 마음도 갖고 있는 멋진 학생이 여기 있습니다.

1) 누가 : 영화/연기 등을 좋아하는 학생

2) 왜 : 단순한 봉사활동으로는 성이 차지 않는 학생들이 많습니다. 특히 영화나 연극 또는 방송 등에 관심이 많아서 이런 저런 방법을 찾고 있는 학생들에게 강력하게 추천하는 봉사활동입니다. 영화제나 각종 행사의 경우는 많은 일손이 필요하고 그 대부분을 자원봉사자들로 채워 넣습니다.

영화계나 방송계는 말 그대로 인맥과 경험이 중요한 곳입니다. 자신의 관심 분야에 발도 담그고 봉사활동도 하는, 꿩 먹고 알 먹는 활동입니다.

3) 어디서 : 교외 봉사활동입니다.

4) 활동 : 우리나라에는 90여개의 영화제가 매년 개최되고 있습니다. '부산영화제' 와 같은 세계적인 규모의 영화제가 있는가 하면 지역 '인권영화제' 와 같은 작은 규모의 영화제가 1년 내내 여러 곳에서 열리고 있습니다. 영화제는 상영극장에서 직접 모든 프로그램을 진행하는 영화제가 있는가 하면 '이주노동자 영화제' 와 같은 영화제는 하나에서 열까지 모든 것을 자원봉사자들의 손으로 해결해야 하가도 합니다. 물론 학생들의 경우

는 대개 주말을 이용해서 봉사활동을 하게 되는데 개최일이 주말과 연결되어 진행되는 경우가 많아서 인터넷에서 잘 찾아보면 봉사활동의 기회를 잡을 수 있습니다.

단지 단점이라면 영화제가 공공기관이나 단체를 통해서 진행되는 경우는 봉사활동 인정이 되지만 비공식 단체가 개최하는 경우라면 봉사활동 확인을 받을 수 없는 경우가 있습니다. 그러나 단순히 봉사활동 시간을 채우기 위한 것이 아니라 구체적으로 영화나 방송 등에 직접 참여하여 자신이 할 수 있는 일을 경험해보는데 더 큰 의의가 있다고 할 수 있습니다.

영화제에서 자원봉사활동을 하게 되면 영화제마다 다르기는 하지만 주로 허드렛일을 한다고 보면 맞는데, 작은 영화제의 경우는 의외로 기획에서부터 안내와 홍보까지 직접 뛰어 다녀야 하는 경우도 있습니다. 대형영화제는 잘 짜인 프로그램과 인력관리 시스템으로 웬만한 기업체를 능가하는 운영을 하고는 있지만 대형 영화제 몇몇을 빼면 대동소이한 봉사활동을 할 수 있을 것입니다.

5) 성과물 : 영화제의 각종 자료를 성실하게 모아 놓습니다. 그리고 각기 참여한 영화에 대한 활동 소감도 체계적으로 잘 정리해 놓으면 됩니다. 이 프로젝트의 경우는 영화제 행사 자체나 내용에 대한 자신의 의견과 느낌이 매우 중요합니다.

인디다큐페스티발, 서울국제여성영화제, 전주국제영화제, 서울환경영화제, 인디포럼, 서울인권영화제, LGBT필름페스티벌, 서울국제청소년영화제, 부천국제판타스틱, 뉴미디어페스티벌, 제천국제음악영화제, 부산국제어린이, 서울충무로국제, 이천춘사대상영화제, 인디애니페스트, 서울기독교영화제, 중국영화제, 장애인영화제, EBS국제다큐영화제, 부산국제영화제, 공주천마신상옥영화제, 전북독립영화제, 대종상영화제, 부천국제학생애니, 서울국제노동영화제, 핑크필름페스티벌, 청룡영화상, 서울독립영화제, 광주국제영화제, 강릉인권영화제, 대한민국대학영화제, 대한민국영화대상

- 2009년에 개최된 대표적인 국내 영화제

6) 진로학과 : 연극영화 관련 학과를 비롯해서 어문, 사회계열 학과에 지원할 수 있는 포트폴리오 입니다. 특히 자원봉사활동을 계속하다 보면 팀 활동을 하게 되는 경우가 많은데 리더십에 관련된 실적으로 제시될 수 있습니다.

리더십 활동

학교 내 리더십 활동(1)

No. 04 프로젝트 콘셉트 학급 반장/부반장(학급 회장/부회장)

학교임원의 대표적인 경력사항입니다. 그리고 그 동안에는 그 역할이 담임교사의 심부름이나 하는 역할에 국한되었던 것도 사실입니다. 그런 상황에서 학급 임원으로서의 리더십을 보여 주려면 나름대로 특별한 아이디어로 무장되어야 합니다.

1. 누가 : 친구들을 좋아하는 학생 누구나

2. 왜 : 학생들의 경우 자신의 리더십을 보여 줄 수 있는 가장 가까
운 길입니다. 그런데 워낙 많은 학생들이 반장과 같은 학급 임
원을 하기 때문에 차별화 된 활동 경력을 갖고 있지 않고 단순
히 '3학기 동안 반장을 했다'는 정도로는 비교우위가 될 수 있
는 근거가 약합니다. 때문에 한 학기를 반장을 했다고 하더라
도 자신만의 프로젝트를 진행하여야 합니다.

3. 어떻게 : 학급 임원의 활동으로서 인정받을 수 있는 활동으로
학급 학생들의 학력 증진을 위한 활동을 들 수 있습니다. 어느
학교나 각 학급의 성적 등수가 매겨집니다. 전체 평균과 같은
평점을 비교해서 학년별로 1등 반에서 꼴찌 반까지 줄서기가
됩니다. 그럴 때 친구들과 함께 노력해서 학급의 성적을 올리
는 프로젝트를 진행했고, 그 성과가 보인다면 사정관들의 눈에
들 수 있습니다. 물론 성적이 오르지 않았다고 하더라도 그런
활동을 친구들의 동의를 얻어서 함께 노력해 보았다면 그것만
으로도 의미 있는 경력이 될 수 있습니다.

예 1) 학급 내 스터디 그룹 구성 및 운영

스터디 그룹은 각 과목별로 성적이 좋은 학생이 리더가 되어 학력
이 떨어지는 학생들을 도와주는 그룹과 상위권 학생들이 보다 높은
점수를 얻기 위해서 수준 높은 학습을 하는 그룹을 나누어서 진행합
니다.

이 프로젝트의 커뮤니케이션을 위해서 학급학생들만을 위한 포털 카페를 만들어 다양한 학습자료와 정보, 스터디 진행 일정들을 올려놓아 학생들 간에 교류한다. 그리고 이 카페는 성실하게 1년 동안 운영하여 그 카페의 전체 내용을 입학사정관이 평가 할 수 있는 자료로 제출합니다.

기대 포인트 – 리더십 부문 학생이 친구들과 함께 학습 활동을 한다는 것은 어느 누구라도 높게 평가하기 마련입니다. 더욱이 그런 활동이 학생들 자율에 의해서 기획, 진행된다는 것은 누가 뭐래도 팀워크 프로젝트로 평가해 줄 만합니다. 그 동안에는 보통 담임교사에 의해서 일방적으로 진행되고 반장 등 임원은 그저 단순히 따라 하는 정도였지만 학생들이 주체적으로 진행한다면 아주 바람직합니다. 물론 이런 프로젝트는 실제적으로 학생들에게 도움이 되기 때문에 아주 바람직합니다. 내신문제로 학생들 사이에서도 서로 견제가 있는 현실에서 입학사정관제가 긍정적인 역할을 하는 증거가 될 수 있는 중요한 프로젝트입니다. 중요한 점은 이런 프로젝트를 진행하면서 반드시 인터넷 카페 등을 통하여 진행상황이 객관적으로 드러날 수 있도록 해야 한다는 것입니다. 꼼꼼한 관리가 필수입니다.

포트폴리오 자료 : 학급 인터넷 카페 또는 블로그 활동자료

예 2) 학급 내 프로젝트 그룹을 결성하여 각종 대회나 행사에 참여

학급 전원이 참여하는 활동을 리드할 수도 있겠으나 뜻이 맞는 친구들을 모아서 프로젝트를 진행하는 것도 의미가 있습니다. 진행할 수 있는 프로젝트로는 그룹으로 과학이나 예능 관련 교내외 대회에 참여하는 것인데, 일반 참여와 다른 점은 반에서 공개적으로 함께 할 인원을 모집하고 준비 한다는 점입니다. 프로젝트를 진행하면서 직접 참여하지 않는 친구들에게서도 직, 간접적으로 도움을 주고받는 모습이 반 카페나 블로그 등을 통하여 드러나면 좋습니다. 물론 결과가 좋아서 수상을 하게 되면 더욱 좋지만 그렇지 않다고 하여도 단체로 참여한다는 것만으로도 의미가 있습니다.

학교 내 리더십 활동(2)

No. 05
프로젝트 콘셉트 — **학교 학생회장/부회장**

학교임원이지만 한 학교에서 2~3명에 불과한 인원만 해당되기 때문에 일반화되기는 어려운 실적입니다. 그렇지만 우리나라에 있는 모든 고등학교에 학생회 임원이 있기 때문에 내신성적이 어느 정도

받쳐 주면 적극적으로 활용되는 실적 사항이기도 합니다. 그렇게 때문에 더욱 더 차별화된 활동 내용이 있어야 합니다. 단지 학생회 임원으로서 1년을 보냈다는 것만으로는 전혀 경쟁력이 없다는 것을 염두에 두기 바랍니다.

1. 누가 : 정치적인(?) 활동을 좋아하는 학생. 프로젝트나 행사 등의 기획, 진행에 관심이 많은 학생. 여기서 말하는 '정치' 라는 것은 자신의 의견을 주변에 잘 전달하고 동의를 이끌어 낼 수 있는 능력을 말합니다.

2. 왜 : 학생들의 경우 자신의 리더십을 보여 줄 수 있는 가장 가까운 길입니다. 그런데 워낙 많은 학생들이 학생회장을 목표로 뛰기 때문에 당선이 되는 것 자체가 어려운 일입니다. 그러나 일단 임원이 되고 나서도 자신이 할 수 있는 일이 지극히 제한적이라는 것을 알게 되면 고민이 많아집니다. 그러나 이런 문제는 본인뿐만 아니라 다른 학생들도 똑같이 겪고 있기 때문에 오히려 기회라고 생각하면 됩니다.

3. 어디서 : 학교 내 활동 입니다.

4. 어떻게

1 학교 축제 진행

각 학교들은 대부분 1년에 한 번씩은 학교축제와 같은 전교 학생들이 참여하는 행사를 진행합니다. 우리나라와 같은 입시지옥에 시달리는 학생들의 입장에서는 이런 이 날이 작은 탈출구가 되곤 합니다. 그러나 반별 대항 장기자랑이나 체육대회라는 뻔한 프로그램에 좌절하기 쉽습니다. 그리고 동아리들에서 제한적으로 발표회를 갖게 되는데 이런 학교 축제행사야 말로 차별화 할 수 있는 거의 유일한 기회입니다.

우선 학교 축제 행사에 주제를 색다르게 정하기 바랍니다. 전체 학생들의 의견을 수렵 할 수 있는 회의를 단계적으로 진행하고 일률적인 행사가 아닌 주제가 있는 행사를 기획하기 바랍니다. 그런데 막상 해보면 절대로 쉽지 않습니다. 우선 학교측에서 반대가 있을 것이고, 학생들도 당장의 공부가 중요한데 그렇게 한가하게 시간을 낭비 할 수 없다고 반발하는 상황도 상당할 것입니다.

그런데 바로 이 부분이 자신의 리더십을 잘 보여 줄 수 있는 포인트가 됩니다. 일단 자신이 구상한 내용을 학교의 각 구성원들에게 잘 설명하고 설득하는 과정을 잘 정리해 보시기 바랍니다. 그리고 설사 자신의 주장이 전체 학생들이나 학교측에 의해서 받아들여지지 않았다고 하더라도 그런 상황을 잘 정리해 놓으면 자신의 장단점을 입학사정관에게 설명할 수 있는 자료가 됩니다. 입학사정관제는 성공의 사례만 평가되는 것이 아니라 실패의 사례도 학생에게는 귀중한 자산이 되기 때문에 그런 과정을 통하여 자신이 얻은 것을 솔직하게 표출하면 좋은 결과를 얻을 수 있습니다.

그리고 학교 축제의 전반적인 부분을 변화시키지 못할 것 같다면 차선책으로 학생회 간부들이나 몇몇 동아리 또는 마음이 맞는 학급이나 친구들과 함께 작은 프로젝트를 진행해 보십시요. 주변의 다른 학교나 대학들의 축제 프로그램 중에서 할 수 있는 것을 선택하여 자기 학교에 맞추어서 진행하는 것입니다. 이런 방식을 대안의 선택이라고 합니다. 리더십은 지휘관만을 뜻하지 않습니다. 주변의 의견을 잘 듣고 조율하고 서로의 이해를 조정하는데 그 의미가 있습니다.

2 학생과 학교의 가교 역할

학생과 학교는 과거와 같이 일방적으로 지휘 통제를 받는 관계가 되어서는 않됩니다. 물론 교육적인 관점에서 어느 정도의 통제와 관리는 필요하지만, 과거의 군사조직의 방식처럼 강압적인 학생관리는 마땅히 없어져야만 됩니다. 이런 관점에서 보면 아직도 학생과 학교와는 서로 조율해야 되는 부분이 많이 있습니다.

학생회 임원이 되고 나서 학생들에게 학교가 해주었으면 하는 내용들을 설문조사 하여 학교와 협의를 해보시기 바랍니다. 학생회에서 진심을 갖고 설문을 한다면 상당히 다양하고 재미있는 의견이 나올 수 있습니다. 그 의견들을 잘 정리해서 학생회에서 판단을 한 후 교장선생님과 함께 협의를 해보기 바랍니다. 물론 그런 의견들이 받아들여지지 않는 부분이 훨씬 많거나 아니면 전부일 것입니다. 그러나 그렇다고 해도 진지하게 학교와 학생간의 가교 역할을 진행해 본 것은 큰 경험이 될 것입니다. 진행하는 과정 중에 학교에서 이런 저런 내용에 대하여 걱정하는 소리도 들릴 것입니다. 그때 학교측에서 오해가 없도록 얼마나 잘 대처하느냐도 좋은 경험이 됩니다.

5. 결과물 : 학생부에 기재되는 사항입니다. 그리고 학교 홈페이지에 학생회 전용 코너가 있는 경우는 홈페이지를 적극적으로 활용해야 합니다. 학생회의 활동에 대해서 미리 안내를 하고 결과물을 게시하는 등 꼼꼼하게 관리하는 것이 중요합니다.

만일 학교 홈페이지에 학생회 코너가 없다면 만들어 달라고 학교에 건의를 하고, 그외에 학생회 임원들이 함께 사용할 카페를 만들어서 운영하는 것도 바람직합니다. 학생 임원단이라고는 해도 서로 만나기가 그리 쉬운 것은 아닙니다. 때문에 항상 커뮤니케이션이 될 수 있도록 인터넷에 전용 공간을 만들어 두면 나중에 포트폴리오를 제작 할 때 도움이 되는 것은 물론 직접적인 자료로 활용 할 수 있습니다.

6. 학과진로 : 각 대학의 리더십 전형은 의대와 예체능계를 제외한 거의 전 학과에 해당됩니다.

1. 누가 : 학교 동아리 활동을 하는 학생. 교내외 특기 활동에 대해서 관심이 많은 학생.

2. 왜 : 학생활동의 기본은 학교입니다. 때문에 학교에서 공식적으로 활동하는 동아리들은 여러모로 활용의 폭이 무척 넓습니다. 공인 동아리들의 경우는 지도교사 선생님들도 지정되어 있기 때문에 학교외 활동을 하거나 할 때 학교의 인정이나 지원을 기대 할 수 있습니다. 활동의 폭이 상대적으로 넓을 수 있다는 말입니다. 물론 학교 공인 동아리들이라고 할지라도 학생들이 얼마나 자율적이고도 창의적으로 활동하느냐에 따라서 결과가 달라지기 때문에 일률적으로 평가하기는 조금 어렵습니다.

모든 활동들이 그렇듯이 참여의 정도와 노력 그리고 창의적인 아이디어가 성패를 결정합니다. 역사가 오래된 동아리들의 경우는 사회생활을 하는 선배들도 많고 해서 다방면으로 도움을 요청 할 수도 있지만 반대로 전통이라는 틀에 매여서 새로운 시도를 하기에 어려운 점도 있습니다. 다음은 대표적인 학교 내 동아리들의 활동에 대해서 생각해보기로 하겠습니다.

학교 동아리중에서 대표적인 동아리가 문학 관련 동아리입니다. '문학반' 이라는 동아리가 대부분의 학교에 운영되고 있는데 이런 동아리도 적극적으로 활동하는 것이 좋은 평가를 받을 수 있습니다. 당연한 이야기이지만 기본적으로 동아리의 인터넷 카페나 블로그는 운영하여야 하고 정기적인 동아리 무크집이나 인터넷 카페, 블로그의 운영 등은 필수적인 것입니다.

공식적인 문학 동아리의 활동은 정기적으로 학교 내 모임을 갖고 서로의 작품을 평가해준다거나 하는 긍정적인 활동을 할 수 있습니다. 특히 이런 동아리의 활동은 동아리장(팀장, 반장)들의 능력이 동아리 전체의 활동에 영향을 줍니다.

문학동아리 활동의 가장 중요한 것은 '어떻게 실적을 만드는가' 입니다. 우리나라에는 상당히 많은 수의 문학 관련 공모전이 진행되고 있습니다. 그 중에서는 대학들에서 공식적으로 인정하는 대회가 있는가 하면 장사를 목적으로 진행하는 공모전도 많이 있습니다. 그 구분은 인터넷 사이트만 잘 살펴봐도 내용을 알 수 있으니 꾸준히 공모전 개최 내용을 확인하고 응모해 보는 것이 바람직합니다.

꾸준히 글을 쓰고 공모전에 응모하다 보면 문학부 전체로 보아 상당한 수상 경력이 쌓이게 됩니다. 그런 글들만 모아서 책으로 엮어 보면 좋습니다. 공식적으로 출판사를 통하여 출판하는 것도 생각해 볼 수 있는데, 그러려면 단순히 수상 작품들만으로는 기획이 좀 어려 울 수 있고, 예를 들어 우수한 문학동아리의 활동에 대한 체험보고서 형식으로 만들어보면 좋습니다. 꼭 출판사를 통한 출판이 아니라도 동아리 무크집 형식으로 직접 책을 엮어보는 것도 바람직합니다. 예전에는 레자크지 표지에 마스터 인쇄로 책을 엮었지만 요즘에는 비슷한 비용으로 그것보다는 훨씬 우수한 품질의 책을 엮을 수 있습니다.

대표적인 공모전 정보를 모아 놓은 사이트는 다음과 같습니다.

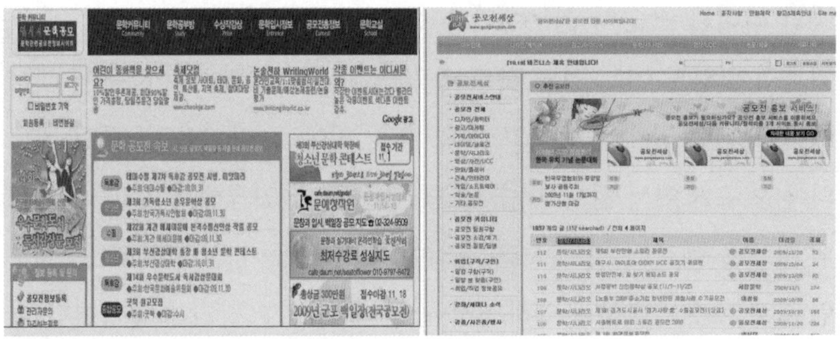

문학공모(ilovecontest.com/munhak/) 공모전 세상 (www.gongmojeon.com/)

학교동아리 활동 2~3 – 음악동아리

음악동아리는 직접 악기를 연주하거나 노래를 부르는 동아리를 비롯하여 음악감상을 주로 하는 동아리등으로 나눌 수 있습니다.

연주동아리는 피아노를 비롯하여 바이올린 기타 악기들을 다룰 수 있는 학생들이 정기적으로 모여서 함께 연주해 보는 동아리 활동을 말합니다. 악기를 다룰 수 있는 학생들이 그리 많지 않지만 여학생들의 경우는 어려서 피아노를 배운 학생들이 상당히 많습니다. 그리고 남학생들의 경우도 바이올린이나 플룻을 초등학생 때 배운 경우가 있습니다. 이런 학생들이 모여서 공을 정해 연주 연습을 하여 학교 행사나 외부에 봉사활동을 할 때 연주를 하는 것은 아주 훌륭한 프로젝트입니다.

입학사정관제의 선진국인 미국의 경우도 이런 연주 활동은 높이 평가하는 항목입니다. 우리나라와는 달리 미국과 같은 서구 선진국들의 리더는 단순히 실무에만 능한 사람들이 아니라 인문 및 예술, 체육적 소양도 어느 정도 갖추고 있는 사람들을 말하기 때문에 대학에서도 그런 인재들을 찾고 있습니다. 피아노+바이올린+보컬 정도의 팀으로 모여서 쉽게 할 수 있는 곡을 몇 곡 연습해서 학교 내와 교외 활동을 해보는 것도 좋은 추억이 되고 활동이 될 것입니다. 물론 팀 블로그나 카페를 운영하면서 활동 내용을 잘 정리해 놓아야만 합니다.

이런 음악 동아리는 봉사활동을 하기도 매우 유리합니다.

정기적으로 보육원이나 양로원등 사회복지 시설을 방문하여 연주 활동을 하는 것이 가능하기 때문입니다. 이런 정기 연주활동은 꼭 공연장이 아니라 복지 시설의 거실이나 식당 등에서도 할 수 있기 때문에 부담 없이 하면 되고, 연주곡의 선택도 대중가요에서 흘러간 가요부터 세미클래식 등을 선택하면 됨으로 선택의 폭이 상당히 넓습니다.

또한 지역 병원의 어린이병동이나 노인병동 등에서 분기에 1회 또는 어린이날, 크리스마스 등에 연주활동을 하는 경우도 바람직합니다. 특히 지역 의료원 등에서는 병원 내 사회사업과에 문의하면 적극적으로 협조를 해주는 경우가 많습니다.

수 년전 카이스트의 마지막 집단면접에서 특기를 보여달라는 심사담당 교수님 앞에서 '혹시나' 해서 미리 준비해간 바이올린을 '그럭저럭', 그러나 '열심히' 연주한 뒤 얻은 가산점으로 아슬아슬하게 커트라인을 넘어간 실화가 있다는 것을 명심하면 좋겠습니다.

음악감상동아리는 연주동아리보다 조용한 성격의 동아리 활동을 하게 됩니다. 그러나 단순하게 학교 내에서 연주 감상을 하는데서 벗어나 직접 연주회장을 찾아다니며감상을 하는 수준 정도는 되어야 합니다. 그리고 연주회 뒤에는 반드시 감상문 또는 비평문을 써 보아야 합니다. 그러기 위해서 주요 연주회 일정을 사전에 확인한 뒤 미리 관련 자료를 확인해보고 가능하다면 다른 연주가들의 연주 앨범도 구해서 미리 들어보고 가는 것이 비판적 안목을 기르는데 도움이 됩니다.

연주회를 자주 찾아가는 것은 시간적으로나 금전적으로 상당히 어려운 경우가 많습니다. 도서관이나 관공서에서 진행하는 무료음악 감상회를 활용하는 것이 좋으며, 아예 학생들이 스스로 학교의 음악실에서 음악감상회를 진행해 보는 것도 재미있습니다. 요즘 클래식이나 다양한 음악의 MP3 파일들이 많이 있기 때문에 학교 선생님과 의논해서 정기적으로 진행하면 됩니다. 특히 토요일의 특별활동 시간 등을 활용해서 진행하는 방법도 있습니다. 이런 활동을 어느 정도 진행한 뒤에는 외부 장소를 빌려서 다른 학교 등과 연합으로 음악감상회를 열거나 하는 것도 좋습니다. 특히 장소는 종교시설을 섭외하는 것도 좋습니다. 교회나 성당 등에는 상당한 수준의 시설이 이미 설비되어 있기 때문에 최적의 장소이기도 합니다.

연간 음악감상회 활동 스케줄을 세워보면,

3월 음악감상회 동아리 모집. 활동계획 수립

4월 신춘 음악감상회. 토요특별활동 시간에 학교음악실에서(희망
    자 대상)

5월 중간고사 마감 기념 음악감상회. 파이팅을 주제로 한 음악들

6월 공연 감상회. 지역 예술회관에서 개최되는 청소년음악회 참가

7월 기말고사 대비 음악감상회. 집중력 강회를 위한 음악들

8월 방학 중 홍난파선생 유적지 탐방. 서울 정동 생가 → 경기 안
    성 생가

9월 중간고사 기념 음악감상회. 전쟁음악감상회 입시전쟁을 생각
    하며

10월 연합 음악감상회. 도봉구 3대 고교 연합 음악감상회 본교 대
    강당(?)

이런 스케줄로 프로그램을 진행하면서 개인적인 음악비평 칼럼을 업로드 하면 됩니다. 물론 중간에 걸그룹 등의 신곡 발표가 있으면 그 내용에 대한 글도 올려봅니다.

수 년 동안 꾸준히 음악감상 동아리 활동을 하게 되면 전문 비평가 수준은 아닐지라도 상당한 수준의 안목을 지니게 되어 몇몇 장르의 음악에 대해서는 포털 블로그의 인기있는 일반 비평가 수준은 될 것입니다. 음악 비평 블로그는 '다음뷰(v.daum.net)' 등 대형 메타블로그 사이트를 찾아보면 상당히 많습니다. 그런 블로그들을 살펴보고 자신이 할 수 있는 방법으로 학교 친구들이나 선후배 등과 함께 같이 블로그를 운영하면 의외로 멋진 비평 전문 블로그가 될 경우가 있습니다.

음악 비평 블로그라고 해서 꼭 클래식 음악만을 선택해야 되는 것도 아닙니다. 입학사정관님들의 관심을 많이 끌 콘텐츠는 흔하지 않고 특색이 있는 음악들이겠지만 '뉴에이지', '시부야뮤직', '유로팝' 등 대중음악의 세세한 부분을 선택하는 것도 재미있을 것입니다.

그리고 그 정도의 수준이 된다면 역시 잘 정리해서 책으로 엮어 보는 것도 가능합니다. 물론 입학사정관제 제출용 실적이라고 하면 상당한 수준이 되어야 하는 것은 당연합니다. 상당한 수준이라는 것은 상당한 기간 동안 꾸준히 다수의 콘텐츠를 만들어야 된다는 것이기 때문에 대충 몇십개 정도의 콘텐츠를 블로그에 올렸다고 해서 실적이 되는 것은 아님을 꼭 기억하시기 바랍니다.

학교동아리 활동 4 - 경제토론 동아리

요즘 뜨는 것이 역시 경제입니다. 한나라의 대통령을 뽑는데도 경제에 대한 식견과 정견이 우선적인 판단의 기준이 되어 있을 정도였으니 말입니다. 때문에 경제이론과 현상에 대한 연구를 하는 모임을 갖는 것도 좋습니다. 특히 인문계열의 학생들에게는 직접적으로 도움이 되는 스터디 동아리가 될 수 있습니다. 우선 일반적인 수준의 경제 관련 서적을 읽고 토론을 한 뒤 차츰 현재의 경제 상황에 대한 자료를 탐색해보는 것이 순서입니다.

그런데 경제비평 동아리라면 아무래도 경제경시대회를 준비하는 것이 좋을 것입니다. 중요한 경제경시대회는 한국경제신문에서 시행하는 '한경 TESAT'과 매일경제신문에서 진행하는 '매경Test', 그리고 'KDI 경제경시대회'가 있는데 이 시험들이 모두 다 수준이 있는 시험입니다(경제경시대회에 대해서는 별도로 설명합니다).

경시대회나 경제와 관련된 자료는 KDI(한국개발연구원)의 경제교육 사이트인 KDI Click 사이트(www.click.kdi.re.kr)에 가보면 자세하게 나와 있습니다.

다음은 인터넷 경제토론방에서 추천하는 경제 관련 도서입니다.

학교 도서관에 보유하고 있는 책들도 꽤 있을 것입니다. 이 정도 수준의 경제학 서적은 경제에 관심이 있는 학생이라면 이해가 가능한 책들입니다. 물론 상당한 수준의 책들이지만 이 정도의 책은 읽어야 경제토론을 할 수 있겠지요.

경제토론동아리가 할 수 있는 활동은 경제고시에 응시하는 것 말고도 전문가를 초청하여 경제학 특강을 들어보는 것이 있습니다. 요즘 인터넷 토론 사이트들에 가보면 대단한 재야의 전문가들이 많습니다. 그런 분들 중에서 학생들을 위해서 특강을 해 줄 수 있는 분을 찾아서 학교 내 특강을 진행해 보는 것도 좋을 것입니다.

물론 특강 강사료 등이 문제가 될 수 있지만, 일단 학생들이 자치적으로 진행하는 특강이라는 점을 강조하면서 도움을 요청하면 도와 줄 분들이 있을 것입니다. 뜻을 갖고 섭외를 하다보면 의외의 거물이 흔쾌히 강의를 해 주는 경우도 있습니다. 이런 프로젝트는 해 보면 해 볼수록 재미가 생기는 프로젝트입니다.

(우리 두 필자 중 한 명의 경우는 1980년대 재야의 거물이셨던 함석헌 선생님과 동네 목욕탕에서 만났다는 인연으로 조르고 졸라서 강의를 부탁한 일도 있습니다)

다음은 고교생이 읽을 만한 전문 경제 서적입니다(조금 어렵습니다).

1) 여자경제학(웅진지식하우스)

2) 맨큐의 경제학(교보문고)

3) 유시민의 경제학(돌베개)

4) Q&A 형식으로 엮은 시장경제이야기(FKI 미디어)

5) 경제기사 궁금증 300문300답(동아일보사)

6) 부자의 경제학, 빈민의 경제학(푸른나무)

7) 우울한 경제학자의 유쾌한 에세이(부키)

8) 고전으로 읽는 경제사상(민음사)

9) 자유로의 발전(세종연구원)

10) 한국은행의 알기 쉬운 경제이야기(한국은행)

학교동아리 활동 5 – **방송반**

방송반은 어느 학교나 다 구성되어 있기는 하지만 학교의 정책에 따라서 활성화 된 곳도 있고 명맥만 유지하고 있는 곳도 있습니다. 과거 학교 방송반은 점심 식사시간 방송과 학교 축제 때 방송제를 하는 것이 거의 유일한 활동이었지만, 요즘과 같이 멀티미디어가 활성화 된 때에는 각종 방송 영상물을 직접 제작하는 등 활동 범위가 확대되어 있는 상황입니다. 오히려 학교 내 방송 보다는 영상물 제작과 관련된 콘테스트에 참가를 위한 도움이 될 수 있는 동아리 활동이 될 것입니다.

대부분의 학교에서는 방송실 기자재로 동영상 촬영을 위한 장비 일체를 보유하고 있습니다. 이런 기재와 팀원들을 활용하여 학교 방송을 위한 다양한 콘텐츠를 제작하여 경험을 쌓고 국내외의 각종 대회에 참가하는 것을 목표로 하면 실적으로 확인될 수 있습니다.

우선 학교 내 방송 시설을 최대한 활용하여 학교 방송을 활성화시키는 것이 프로젝트의 시작입니다. 현재 진행하고 있는 학교 내

방송을 검토하여 활성화할 수 있는 방송 프로그램들을 제작 방송함으로써 학교 내 방송반의 위상을 세워야 할 것입니다. 예를 들어 대학교 방송국의 학내 언론의 기능을 본떠서 매주 1회 학교 내 문제점을 찾아서 지적하는 등의 저널 개념의 방송 프로그램을 제작해 보는 것 등입니다. 그리고 그런 활동을 꼼꼼하게 기록하여 입학사정관들이 학생의 적극적이고 능동적인 활동에 공감을 할 수 있도록 해야 합니다.

그리고 그렇게 제작한 프로그램들을 기반 삼아서 본격적으로 영상공모전 등에 참가해서 실적을 쌓으시기 바랍니다(공모전 등에 대해서는 뒤에서 다시 한 번 언급합니다).

학교동아리 활동 6 – 연극 동아리

연극 동아리도 대표적인 고등학교 동아리입니다. 역사가 오래된 고등학교의 경우는 교과서에 나오는 역사적인 인물들이 동아리 선배인 경우도 있습니다. 그리고 연극은 상당히 많은 시간을 투입하여야 하나의 작품을 공연할 수 있기 때문에 아무래도 연기 또는 연예쪽 전공을 원하는 학생들이 주로 활동하게 됩니다. 그러나 이런 공감대 때문에 동아리 회원간의 연대의식도높고 선후배간의 관계도 단단한 편입니다. 연극 동아리도 기본적으로는 연간 1~2회 정도 학교 축제 등의 행사때 정기공연을 하게 되는데, 그외에도 연극 대회에 참가하는 것이 당연한 과정이라고 할 수 있습니다. 고등학생들이 참여 할 수 있는 주요 연극 대회는 다음과 같습니다.

  1) 동랑 청소년 연극제 - 서울예대

  2) 청소년연극축제 - 서울시 청소년문화공동체

  3) 전국청소년연극제 -한국연극협회, 예술의 전당 **

  4) SAC 청소년 연극제 한국종합예술학교

학교동아리 활동 7 - **로봇 동아리**

전통적인 동아리와는 다르게 최근 뜨고 있는 동아리입니다.

초등학생의 단순 보행 로봇 제작으로부터 전문 프로그래밍 로봇 동아리까지 다양한 콘셉트의 동아리가 있습니다. 중학생 이상이면 본격적인 프로그래밍 로봇 제작에 관심을 두고 활동을 하면 되는데, 초등학생등 로봇에 첫 발을 딛는 학생의 경우는 전문 로봇 관련 강습소를 다니는 것이 좋습니다. 물론 상업적인 커리큘럼으로 강습소를 운영하기 때문에 창의적인 발전을 기대하기는 어렵지만 로봇에 대한 기본기를 다지는데는 아주 유용합니다.

로봇관련 대회는 상당히 많습니다. 인터넷 검색을 해보면 대학교나 교육청 등에서 진행하는 대회와 더불어 각종 단체에서 진행하는 대회들이 있는데 워낙 성격들이 다양하다보니 본인이 진행하는 로봇 프로젝트와 관련하여 적당한 대회를 선택하는 것만도 적지 않은 수고를 해야 합니다. 더구나 단순히 대회참가만을 위한 준비를 한다고 해도 상당한 시간을 집중적으로 투자해야 되기 때문에 수업과 대회준비에 대한 계획을 잘 준비해 놓아야 실수가 없을 것입니다.

또 기억하고 있어야 되는 것은 대부분의 학교에서 로봇동아리가 있기는 한데 잘 운영되지 않고 있는 경우가 많습니다. 그럴 경우는 동아리에서 시간을 낭비하기 보다는 개인적으로 로봇 제작 활동을 하는 것이 바람직합니다.

국제화 활동

　학생의 해외교류는 상당히 어려운 프로그램으로 알려져 있습니다. 때문에 고가의 입학사정관 컨설팅 업체들에서 주로 다루는 프로그램입니다. 그런데 그런 실적을 만들어봐야 입학사정관들의 눈매에 대부분 필터링이 되고 맙니다. 그러나 우리나라안에서도 아주 멋지게 해외교류를 해낼 수 있는 방법이 있습니다. 바로 우리나라에 있는 외국 대사관이나 문화원을 적극적으로 활용하는 것입니다. 그리고 인터넷을 찾아보면 다양한 국가간 교류 프로그램에 참여 할 수 있습니다.

　이런 프로젝트는 비용이 거의 들지 않고 전 세계와 교류를 할 수 있는 방법입니다. 그러나 그 내용은 각국 대사관에서 확인 해 줄 수 있는 검증된 활동입니다. 평소에는 관심도 없다가 전문 브로커가 연결해주어 큰 비용을 들여서 방학 때 잠깐 외국을 다녀오는 활동과 다음의 활동을 비교해보면 결론은 하나입니다.

해외문화 교류 (1)

No. 13
프로젝트
콘셉트
일본, 가깝고도 먼 이웃을 만나다!

1) 누가 : 일본 문화에 관심이 있는 학생

2) 왜 : 지구는 한마을로 가까워져 있습니다. 그 일본을 좀 더 알고 그들과 함께하는 세상을 꿈꿉니다.

3) 어디서 : 일본대사관 공보문화원 3호선 안국역 1분 거리

   일본대사관 공보문화원에서는 다양한 한일 문화교류 프로그램을 진행하고 있으며, 문화원내에 일본서적 도서관, 음악정보 센타, 전시실, 소공연장에서는 항시 문화 프로그램이 진행되고 있습니다

4) 활동 : 일본대사관 공보문화원에서는 우리나라 청소년이나 성인들이 참여 할 수 있는 다양한 프로그램을 진행합니다. 인터넷 사이트에서 연간 계획과 월간 계획을 살펴보면 직접 참여할 수 있는 프로그램들이 있습니다.

특히 재미있는 프로그램은 '한일교류 말하기대회' 입니다. 이 대회는 3분 정도의 시간 동안 한국과 일본 양국간의 문화와 경험, 상황 등을 한국어 모어 사용자는 일본어로, 일본어 모국어 사용자는 한국어로 솔직하게 이야기하는 자리로 일본어 실력을 겨루는 것이 아니라 솔직하고 소박한 서로의 감정을 드러내는 것이기 때문에 유창한 일본어를 하지 않더라도 에피소드만 재미있으면 수상을 할 수도 있습니다. 게다가 우수자는 무료로 일본 여행도 할 수 있습니다.

이렇게 다양한 활동을 하다 보면 일본대사관 공보원 추천으로 보다 더 많은 활동에 직, 간접적으로 활동이 가능하기 때문에 2~3년만 지속적으로 활동하면 일본과 일본사람들에 대한 상당한 교류를 할 수 있게 됩니다.

5) 성과물 : 공보원의 각종 프로그램에 참여한 것은 일본대사관이나 일본 친선 관련 사단법인에서 공식적으로 확인을 받을 수 있습니다. 그리고 어느 정도 활동이 쌓이게 되면 활동 내용에 대해서 써놓은 보고서나 감상문, 참여 프로그램 등을 모아서 출판을 해 볼 수도 있습니다.

6) 블로그 운영 : 일본 문화원에 처음 들렸을 때부터 꾸준히 다녀온 감상이나 활동에 대해서 블로그를 운영하면 나중에 책으로 엮거나 또는 활동 실적 보고를 할 때 도움이 됩니다. 또한 블로그의 운영을 통해서 다른 친구들과의 교류도 가능하기 때문에 다

양한 목적으로 블로그를 '꾸준히' 운영하는 것이 좋습니다.

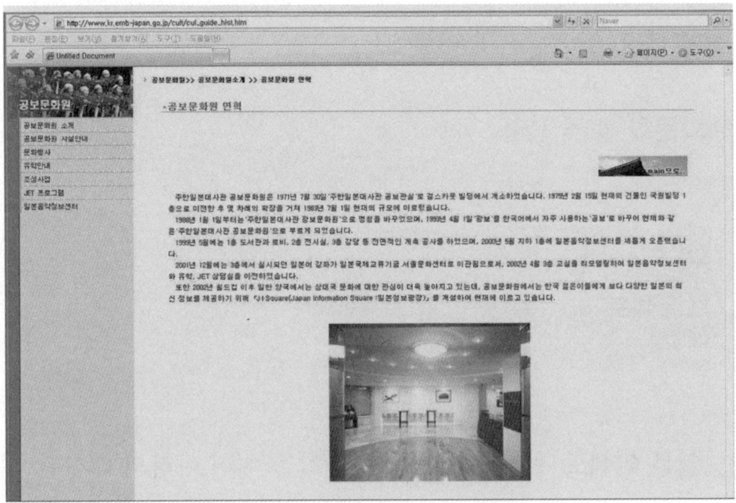

일본 공보문화원 사이트(www.kr.emb-japan.go.jp/cult/cul_guide_hist.htm)

7) **실적용 자기소개서** : 단순하게 일본이라는 나라와의 교류에 한정
   하지 않고 세계화된 시대에 적극적으로 자신을 국제화하려고
   노력하는 모습을 자기 소개서에 씁니다. 일본사람들과의 만남
   과 일본 문화와 우리나라 문화와의 교류의 한가운데서 느꼈던
   것들을 솔직하게 쓰면 됩니다.

8) **지원 학과** : 기본적으로 일본어학과에 지원하게 되면 확실한 방
   향이 될 것입니다. 그러나 꼭 일본에만 한정하지 말고 세계화

라는 관점에서 접근하게 되면 어문계열의 다른 학과나 사회학, 경영 경제학과에도 지원이 가능한 프로젝트가 됩니다.

해외문화 교류 (2)

*일본 외에도 우리나라에 들어와 있는 여러 나라의 대사관에는 일본과 같은 문화원 형식의 기구를 운영하는 곳이 여러 곳 있습니다. 대표적으로 프랑스 문화원, 독일문화원(독일은 특이하게 '괴테 인스티튜트' 라고 합니다), 영국문화원, 중국문화원 등이 운영되고 있으며 문화원은 없더라도 대부분의 대사관에는 문화교류 관련 담당자가 있기 때문에 관심 있는 나라의 대사관을 통하면 다양한 교류 프로그램에 참여 할 수 있습니다. 각국 대사관에서 개최하는 행사나 '각국의 언어 말하기 대회' 를 비롯하여 청소년 교류회 같은 행사가 부정기적으로 개최되기 때문에 미리미리 대사관이나 문화원 직원들과 친해져 놓으면 많은 도움을 받을 수 있습니다.

*각국의 대사관들은 기본적으로 국가간의 정치 경제적인 교류를

기본 활동으로 하지만 청소년 및 문화교류도 매우 중요한 업무입니다. 그런 프로그램은 주재국의 시민들이 많이 참여해야 하는데 현실적으로 홍보의 어려움 때문에 학생들이나 직장인들의 참여를 기다리고 있는 편입니다. 처음 접촉을 하게 되면 아주 친절하거나 아니면 불친절 할 수도 있지만 어느 대사관, 문화원이던지 자주 연락을 하고 만나면 친해져서 여러 가지 도움을 서로 받을 수 있습니다.

독일문화원 - 괴테인스티튜트
독일문화원에는 독일어 말하기 대회가 있습니다.
독일어를 선택한 학생들의 멋진 기회입니다.

중국문화원
중국문화원에서는 다양한 문화강좌를 비롯해서 자원봉사, 명예기자제도를 운영하고 있습니다.

*프랑스 대사관 상무관실의 경우는 1년에 몇 번씩 자국의 중·소 액세서리 업체들을 유치해서 상담회를 개최합니다. 이 행사는 기본적으로 상거래를 위한 것이지만 미리 잘 알아 놓으면 초대를 받아서

프랑스 현지에서 최근에 제작한 액세서리 주얼리 디자인을 만날 수
도 있습니다. 이런 행사라면 디자인이나 미술쪽이 관심이 있는 학생
뿐만 아니라 무역, 경영, 경제학과를 지원하려는 학생들에게도 좋은
경험이 될 수 있습니다. 이렇게 다양한 국제경험은 모두 다 정리해
놓으면 멋진 포트폴리오가 될 수 있습니다.

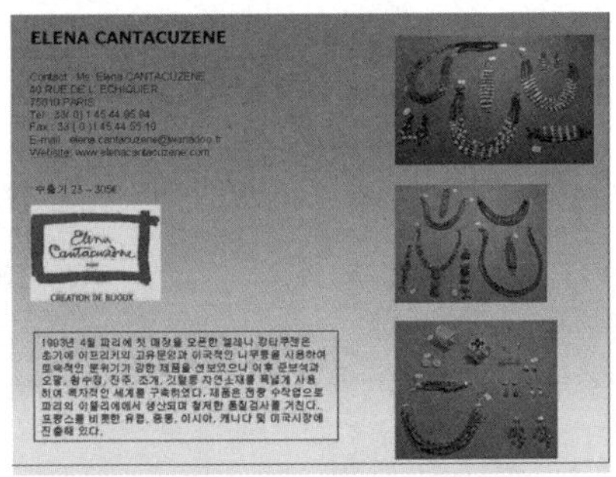

프랑스 대사관 상무관실에서 진행한 '프랑스 액세서리 페어' 참가 업체의 카탈로그

　*한 나라만을 대상으로 하지 않고 아시아지역, 북미지역 등으로
여러 나라를 묶어서 함께 교류를 해보는 것도 재미있습니다. 특히
이 프로젝트가 좋은 것은 우리나라 사람들이 고질적으로 부담스러
워 하는 외국인에 대한 감정이 시간이 지나면서 상당히 완화되거나
아니면 아에 친근감으로 변하게 됩니다. 대학 입학사정관들은 그런
적극적이고 세계화된 인재를 찾고 있습니다.

No. 15 **프로젝트** **콘셉트**	펜팔로 지구촌 일주하기

지금 학생들에게는 낯선 단어이지만 부모님 세대에서는 추억이 어린 단어가 바로 펜팔입니다. 펜팔은 해외나 국내의 친구들과 편지를 교류하는 활동입니다. 물론 우체국을 이용한 종이 편지 펜팔과 이메일 펜팔이 있는데, 아무래도 종이 편지 펜팔이 펜팔로서의 원래의 의미와 더 잘 맞을 것입니다.

1) 누가 : 해외 친구들과의 교류를 하고 싶은 사람. 그런데 언어의 벽 때문에 고민을 하는 학생들이 있을 수 있습니다. 그러나 기본적으로 펜팔 편지를 위한 영어나 일어 등의 언어는 중학교 졸업생 수준이면 충분합니다. 그리고 펜팔을 위한 편지글은 인터넷 상의 펜팔 사이트들에 들어가보면 다양하게 나와있기 때문에 처음에는 이 내용을 적당히 조합하여 편지를 써보면 됩니다. 이런 활동이 반복되면 외국어 실력이 확 느는 것을 느낄 것입니다.

2) 왜 : 해외펜팔을 통해서 가까운 일본을 넘어서 아프리카나 남미 등 전 세계의 친구들과 다양한 교류를 할 수 있습니다. 편지라

는 가장 기본적인 커뮤니케이션 도구를 이용한 교류를 통해서 세계인으로서의 안목을 기를 수 있습니다. 학교 공부에만 매달 려서 겨우 같은반 친구에 한계되었던 인간 관계가 세계적인 인 맥 관리로 커질 수 있습니다.

3) 어디서 : 펜팔은 개인간의 커뮤니케이션이지만 아무래도 단체 활동을 하는 것이 정보수집에 도움이 되거나, 문제가 발생 할 수 있는 여지를 미리 막는데 도움이 됩니다. 각 포털 사이트에 는 다수의 펜팔 관련 카페들이 개설되어 있습니다. 이런 카페 에 가입하면 기본적으로필요한 펜팔 친구 주소와 편지 예문등 을 얻을 수 있으며 펜팔시 주의 해야 할 점들을 확인 할 수 있 습니다.

4) 활동 : 펜팔은 아직도 기본적으로는 종이 편지를 원칙으로 하고 있으며, 일부 온라인 메일 등을 통하여서도 펜팔 교류를 하고 있습니다. 국제 펜팔을 할 때 먼저 자신이 관심있는 분야를 정 하는 것이 좋습니다. 각국의 요리에 관심이 있다거나 민속놀이 에 관심이 있는등의 주제를 설정해 좋으면 국제 펜팔을 하는데 상대방과의 교류가 훨씬 수월해 집니다. 이렇게 교류를 하다보 면 각국의 사람사는 모습에 대해서 잘 알 수 있게 되고 많은자 료를 축적 할 수 있게 됩니다. 또한 가까운 아시아권의 나라라 고 하면 방문을 할 경우 적은 비용으로 여행사 관광보다 훨씬 좋은 체험을 할 수도 있을 것입니다.

이런 활동을 하다 보면 자연스럽게 실용적인 어학 능력을 기를 수 있는 것은 물론 지구촌 여러 나라들과 사람들에 대해서 다양한 정보를 얻을 수 있게 됩니다. 또한 펜팔을 하다가 상대방 국가에 자연재해등의 어려움이 있다거나 어떤 이슈가 있을 때 그에 맞추어 작은 도움이라도 줄 수 있는 방법을 찾아서 교류를 하는 것도 좋습니다. 처음에는 한나라로 시작하여 차차 교류하는 나라 수를 늘여서 여러 나라들의 친구를 만들면 금상첨화가 되겠지요.

활동 제안 '국제 환경 지킴이 활동'

각국의 친구들을 사귀게 되면 비슷한 연령대도 있지만 나이가 많거나 적은 친구들도 만나게 됩니다. 그렇지만 가능한대로 공통의 관심사를 갖고 있는 친구들과 함께 공동 캠페인을 해보는 것도 바람직합니다.

예를 들어 태풍이 자주 발생하여 어려움을 겪고 있는 나라의 친구에게 여러나라의 친구들이 함께 위문품을 보낸다던지, 아니면 공동의 인터넷 사이트나 카페등을 열어서 함께 환경보호 캠페인을 진행하는 활동들입니다.

5) 성과물 : 앞의 예에서 제안했던 '국제 환경보호 캠페인 사이트' 등은 대표적인 활동 결과물이 됩니다. 그리고 그 정도로 활발

하게 활동했다면 그 내용을 잘 정리해서 책으로 엮어보는 것도 좋습니다. 예를 들어서 전체 내용을 분류해서 '펜팔로 만들어진 환경운동' 으로 주제를 정하고 그리고 그동안 교류했던 펜팔 편지들과 모아놓은 각국에서 온 선물들도 잘 정리하면 좋습니다.

입학사정관 전형을 위한 펜팔 프로젝트는 단순히 편지를 몇통이나 주고 받았느냐는 것보다는 어떤 주제로 교류를 했느냐가 중요합니다. 그리고 그런 자료들을 체계적으로 정리해서 주제가 분명한 포트폴리오로 만들면 됩니다.

'지니의 해외펜팔' 카페 자료(cafe.daum.net/jinipenpal)

6) 블로그 운영 : 해외 펜팔 카페에 가입하여 활동하는 것 외에 반드시 개인 블로그나 카페를 개설하여 활동한 내용들을 차곡차곡 정리해 놓는 것이 필요합니다. 블로그나 카페는 얼마나 오랜 시간 동안 노력했는가를 잘 알 수 있게 해주고, 관련 자료들을 체계적으로 정리 할 수 있도록 도와줍니다.

콘텐츠 구성은 '각국별 친구들', '주제별 편지모음', '캠페인과 활동' 등으로 나누면 좋을 것입니다. 물론 더 멋진 카테고리를 나누어 운영할 수 있으니 신선한 아이디어를 만들어 보십시오.

7) 지원 가능 학과 : 해외 펜팔은 영어를 기본으로 하기 때문에 영문과등 어문계열은전체적으로 다 지원 할 수 있습니다. 그리고 펜팔의 주제를 '환경' 으로 했다면 자연계열로의 학과 선택도 가능합니다. 이처럼 주제가 있는 펜팔은 자연계열 학생들에게도 도움이 되는 프로젝트입니다.

국제기구 활동

<table>
<tr><td>No. 16
프로젝트
콘셉트</td><td>국제기구 활동 프로젝트</td></tr>
</table>

국제기구의 활동을 한다는 것을 거의 꿈에 가까운 일입니다. 그렇지만 이미 UN의 사무총장이 한국인이듯이 세계로 나가서 세계인들을 대상으로 활동을 하는 것은 결코 꿈이 아닙니다. 그렇다면 국제기구에서 활동을 하거나 또는 그것을 준비하는 활동을 한다는 것은

얼마나 신나고 재미있을까요? 남들과 다른 스케일의 활동을 소개합니다.

1) 누가 : 국제기구에 관심이 있고 세계화와 관련된 프로젝트에 적극적으로 참여하고 싶은 학생

2) 왜 : 지구촌(地球村)이라는 말이 낯설지 않은 시대가 되었습니다. 대학들에서도 이제는 우물 안 개구리와 같은 인재상에서 국제화된 인재를 양성하고 있으며, 그런 인재가 될 가능성이 있는 학생들을 선발하기 위해서 다양한 방법으로 인재를 찾고 있습니다. 그런데 세계화된 활동을 하는 것은 아직도 우리나라에서 상당한 벽이 앞을 가로 막고 있습니다. 기본적으로 외국이라는 한계로 인해서 언어와 지리적인 한계가 있기 마련입니다. 그렇다고 해서 방법이 전혀 없는 것은 아닙니다. 우리나라에서도 다양한 국제 기구 관련 행사가 열리고 있으며, 이런 행사를 통해서 국제기구와의 교류를 할 수 있습니다.

3) 어디서 : 국제기구 관련 카페를 중심으로 활동하면 됩니다.

ICUNIA / 유엔과 국제기구 cafe.daum.net/unitednations

4) 활동 : 중고등학생의 입장에서 직접적으로 국제기구와 관련된
활동을 할 기회는 그리 많지 않습니다. 그렇지만 국제기구와 관
련된 각종 강연이나 행사에 적극적으로 활동하고 그 활동 내용
을 체계적으로 관리를 하면 국제적인 인목을 기를 수 있습니다.

【최근에 진행된 활동들】

1. 국제기구 책임자, 경험자들의 강연, 만남의 장 참여
   · '국제 엠네스티 사무총장, 아이린칸과의 만남' 2009.11.22. 서울 이화여
   고 강당
   · '피스보트와 함께하는 아시아 공정여행포럼' 2009.11.17. 서울 유네스코
   회관
   · 'UNV 사무총장과의 만남', 2009.11.9. 서울 종각
2. 경연대회 참여
   · 제9회 Thank you Korea Festival 영어스피치 대회, 2009.11.25. 천안
   시민회관
3. 전시회 참관
   · 동티모르 희망을 쏘다(그림전), 2009.11.11~17. 서울 경향신문 갤러리
   · 2009 제1회 유넵 엔젤 환경영화제, 2009.11.7, 서울 이화여대 씨네마
   떼끄
4. 행사 참여
   · 아프리카 교육돕기 마라톤 대회, 2009,11.15, 서울 상암동
   · 아프리카 현지어 동화책 공급 일일찻집, 2009.10.24.

이런 활동들을 하다 보면 자연스럽게 국제활동에 대한 견해가 넓어지고 자신만의 안목이 생겨납니다. 중고등 학생들의 경우는 학생의 신분으로서 할 수 있는 활동이 제한되어 있기 때문에 우선 참가자의 위치에서 시작하다 보면 자연스럽게 주최측으로서도 활동할 기회가 주어집니다.

5) 성과물 : 각종 프로그램에 참가한 내용들을 정리해서 포트폴리오로 만듭니다. 예를 들어 앰네스티 사무총장이나 UNV 사무총장과의 만남에 참여했다면 그들과 찍은 사진과 강연 내용 등을 함께 정리하고, 전시회 등의 참관도 주제에 맞춰서 정리합니다. 반드시 주제가 선명해야 합니다. 포괄적인 주제의 경우는 너무 많은 것을 담기 때문에 정확하게 자신이 원하는 방향을 제시하기 어려울 수 있습니다. 그러나 "인권"과 같은 정도의 주제를 설정하여 다양한 활동을 꾸준히 했다면 멋진 포트폴리오가 만들어질 것입니다. '아직도 멀기만 한 세계인들의 인권 보호를 위한 나의 활동' 이라는 주제의 포트폴리오에 담긴 국제 앰네스티 사무총장과의 대화록. 입학사정관이 보아도 멋지다고 생각하지 않겠습니까?

6) 블로그 운영 : 블로그의 카테고리는 '참여행사'. '만난 사람들', '나의 주장', '사진자료' 등으로 하면 됩니다. 당연히 카테고리의 이름을 개성 있게 짓는 것도 좋겠지요.

7) 지원 가능 학과 : 정외과를 비롯하여 어문계열에 지원하면 적절

할 것으로 판단됩니다. 또한 활동 내용에 따라서는 경상계열의 학과
들도 좋을 것입니다.

비즈니스 활동

　학생의 위치에서 비즈니스를 한다는 것은 정말 어렵습니다. 그러나 실제로 여러 방면에서 비즈니스의 세계에 뛰어드는 학생들도 적지 않습니다. 학업에도 충실하면서 자신의 비즈니스를 전개하는 학생들은 대학교에서 찾고 있는 자아실현형 학생들입니다.

No. 17
프로젝트 콘셉트　　오픈마켓 사장님 프로젝트

1. 누가 : 장사에 끼가 있다고 자부하는 학생들. 학비도 벌면서 입시에서도 성공하고 싶은 욕심 많은 학생들

2. 왜 : 대학의 역할 중에서 큰 비중을 차지하는 부분이 사회에 나
가서 독자적으로 비즈니스를 할 사람을 길러내는 것입니다. 미
리 고등학교 때부터 이런 방향으로 활동을 해보았다면 좋은 평
가를 받을 수 있을 것입니다. 단지 지나치게 장사에만 몰두해
서 학과 성적이 엉망이 되는 일만 없으면 됩니다. 과거에는 장
사를 한다면 오프라인 매장만을 생각했기 때문에 도저히 접근
하기 어려운 일이었지만 요즘과 같이 온라인 장터가 잘 발달되
어 있는 상황에서는 다양한 아이디어로 어른들의 전유물이던
비즈니스의 세계에 뛰어들고 있습니다. 비즈니스에서 주의할
점은 어른들의 흉내를 내지 말라는 것입니다. 학생시절은 당연
히 미숙합니다. 그리고 오히려 미숙한 모습에 사람들이 관심을
갖게 됩니다. 그리고 청소년다운 신선한 아이디어로 도전을 하
면 좋습니다. 한마디로 젊음이 묻어나는 모습을 보여야 된다는
것입니다.

그리고 인터넷을 뒤지면 쇼핑몰 창업을 하는데 자본금 필요액
이 얼마니 쇼핑몰을 구축해야 한다고 하는 카페나 사이트들이
많은데 학생의 신분으로는 적당치 않은 곳입니다. 기본적으로
자신에게 쓸모가 없는 물건을 중고 마켓에서 판매하는 것부터
시작해서 차근차근 하나가면 됩니다.

3. 어디서 : 오픈 마켓은 누구나 사장님이 될 수 있는 곳입니다. 특
별한 심사나 조건이 없이 사업을 시작 할 수 있는 인터넷 오픈

마켓으로는 대표적으로 미국 '이베이'의 자회사인 '옥션'과 '지마켓'이 있고, 최근에 SK 그룹에서 오픈한 '11번가'가 있습니다. 이 외에는 대부분 입점 심사를 받아야 되는 종합 쇼핑몰들입니다.

4. 활동 : 차근 차근 해나가는 것이 아주 중요합니다. 우선 시작은 자신의 주변에서부터 합니다. 중고장터로 유명한 옥션이나 일반 오픈마켓인 지마켓 또는 11번가에 개인 판매자로 등록해서 자기가 갖고 있는 중고품을 판매해 보시기 바랍니다. 특히 필요 없어진 책들도 중고 가격으로 판매를 할 수 있습니다. 오픈마켓의 사업자로 등록을 하는데는 세무서에 사업자등록을 해야 되는 경우와 별도의 세무서 신고 없이 그냥 장사를 할 수 있는 경우로 나뉩니다. 일단 시작하게 되면 상당 기간 동안은 그냥 장사를 할 수 있습니다. 그러나 월매출이 200만 원을 넘어가면 연간매출 4,800만 원(월 400만 원 매출)전 까지는 간이 과세자로 분류되어 신고를 해야 합니다. 고등학생으로 오픈마켓에서 장사를 하는 학생들이 적지 않습니다. 특히 전문계 학생들 중에서 본격적으로 오픈마켓 비즈니스를 활발하게 하는 경우도 많습니다. 일반계 학생들의 경우에도 비즈니스에 소질이 있는 학생들이 많이 있습니다.

기본적으로 인터넷 쇼핑몰을 운영하는데는 특별한 노하우가 필요하지 않습니다. 자신이 쇼핑몰에서 물건을 산다고 생각하고 제품을 올리기만 하면 됩니다. 중고 제품을 판매 할 때는 갖고 있는 디지털 카메라로 찍어서 간단히 편집만 해서 올리면 되고, 도매몰을 이용하게 되면 도매몰 측에서 이미지를 가져다 쓸 수 있습니다.

대략적인 쇼핑몰 운영 순서는 다음과 같습니다.

1. 오픈마켓에 개인판매자 등록하기
2. 자신의 주변에서 중고 제품으로 판매 가능한 것을 올려서 판매하기
3. 도매몰을 검색하여 판매 가능한 상품을 찾기
   학교 또는 친구들과 함께 직접 제작하여 판매 할 수 있는 상품 기획하기
4. 주력 판매 제품군 구성하기
5. 연간 판매액이 2,400만 원(월간 200만 원)이 넘으면 부모님과 동행하여 세무서에 가서 사업자등록하기(반년에 1,200만 원이 넘으면 신고 해야됩니다)
6. 분기별, 반기별, 연간 결산해보기
7. 1년 단위로 상품에 대한 분석 – 학생의 입장에서 본 온라인 비즈니스(등)

*도매몰은 다양한 상품을 도매로 내놓고 있습니다. 오픈마켓이나 직접 운영하는 쇼핑몰에서 주문을 받아 도매몰에 자료를 넘겨주면 배송까지 다 해줍니다. 물론 직접 상품을 관리하는 것보다는 이익이 적지만 단순히 이익만을 목적으로 하지 않는 학생들의 경우는 크게 문제가 되지 않습니다. 오히려 다양한 상품을 통해서 자신이 원하는 제품을 다양하게 취급해 볼 수 있는 기회

가 됩니다.

도매몰을 다음과 같습니다.

· 베스트캣 bestket.com 잡화 쪽이 강함.

· 나까마 naggama.co.kr 최대 규모의 도매몰. 대량 구매에 유리.

· 메이크BtoB www.makeb2b.com 의류 중심의 도매몰. 이미지 제공.

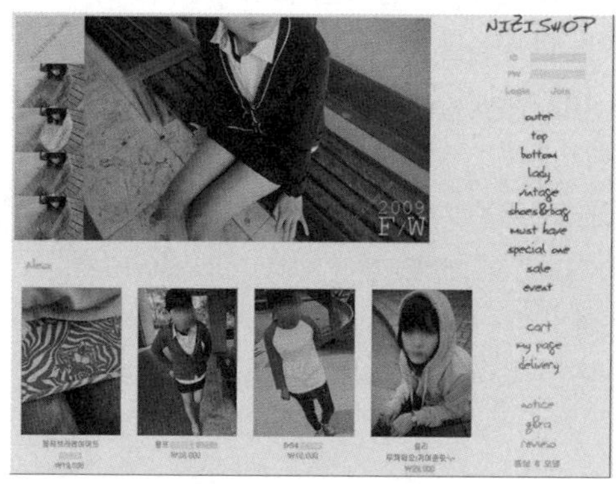

방송으로 알려진 고등학생이 운영하는 쇼핑몰 '니지샵' (www.nizishop.com)

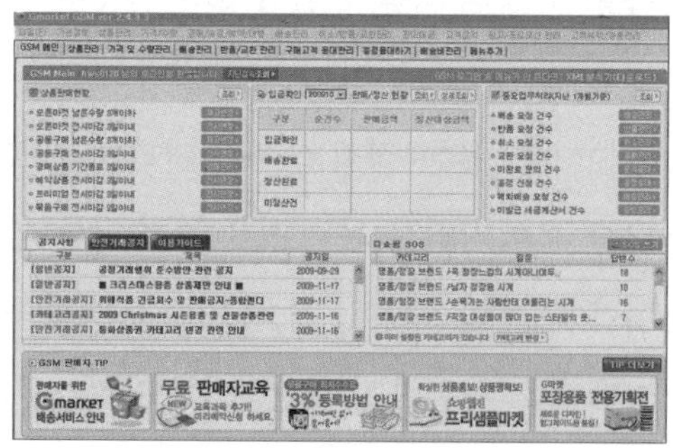

대표적인 오픈마켓인 G-마켓의 판매자 전용 화면

책읽기 활동

글쓰기 활동을 위해서는 차별화된 기획이 우선되어야 합니다.

No. 18 **프로젝트** **콘셉트**	오거서(五車書) 프로젝트

1. 누가 : 책을 좋아하는 학생. 다시 말해서 모든 학생

2. 왜 : 글쓰기와 책 읽기는 모든 학문의 기본입니다. 기본에 충실한 가장 바람직한 학생의 모습을 보여드립니다.

3. 어디서 : 책읽기 만큼 자유롭고 효율적인 프로젝트 활동도 없습니다. 그러나 오랜 시간동안 꾸준한 모습을 보여 주는 것 또한 결코 쉬운 것은 아닙니다. 차근차근 자신의 독서 계획과 실천

을 만들어 나갑니다.

4. 활동

1. 독서 프로그램 : 학생 활동 중에서 가장 학과 학습과의 연관성
   이 높은 프로그램입니다. 그렇기 때문에 대부분의 고등학교
   에서 독서 프로그램을 진행하고 있으며 그 내용도 대동소이
   합니다. 이런 상황에서 독서를 통해서 자신의 특장점을 발휘
   하려면 다른 학생들과 차별점이 있어야만 합니다. 단순히 많
   은 책을 읽은 것이 아니라 독서에 대한 다양한 프로그램을 기
   획하고 실천해 보아야 합니다.

2. 참고사례 : 성균관대학교의 '오거서(五車書)' 프로그램 [杜甫
   男兒須讀五車書]

   성균관대학교에서는 학부 학생들을 대상으로 다양한 독서
   프로그램을 진행하고 있습니다. 물론 이 프로그램은 성대 학
   생들을 대상으로 하고 있기 때문에 고등학교 학생들과 다소
   거리가 있는 프로그램도 있지만 전체적인 프로그램의 맥락
   을 보면 대학교에서 독서 활동을 보는 관점을 잘 알 수 있습
   니다.

   이 프로그램을 살펴보면 주제별 독서, 저자와의 대화, 독서
   모임, 독서 여행 등으로 구분되어 있습니다. 독서 뿐만이 아
   니라 여행과 다양한 체험을 통해서 독서의 내용이 체화(體化)
   될 수 있는 프로그램으로 짜여 있습니다.

성균관대학교 '五車書' 사이트
주요 프로그램 주제별 추천 서적 / 책 이야기 / 독서모임 / 독서 여행

3. 주요 활동 프로그램 : 독서 블로그를 만들어서 체계적으로 독서 활동을 합니다. 주제별 독서 목록을 정하고 꾸준하게 독서록을 작성합니다. 독서록을 쓴다고 하여 천편일률적인 내용이 아니라 다양한 형식으로 구성합니다. 특히 독서 모임을 결성하여 서로의 독서 내용에 대하여 토론하는 형식을 갖춘다면 금상첨화입니다.독서 모임의 경우는 처음 결성할 때부터 고정적으로 수년간을 이어가면서 계속해 가는 것이 좋으며, 중간에 회원들을 계속적으로 충원하는 방법으로 독서 토론회를 진행하는 것을 목표로 하기 바랍니다.

독서여행은 방학 때를 이용하여 학기 중 읽었던 내용 중에서 의미 있었던 지역을 찾아가는 형식으로 하는 것도 좋습니다. 예를 들어 태백산맥을 읽고 벌교를 찾아 소희네 집과 현부자네 집을 기행하는 방식으로 진행하고 기행문을 블로그에 올립니다.

5. 결과물 : 독서 블로그가 확실한 결과물이 될 것입니다. 독서가 자신의 특장점이라고 주장 할 수 있으려면 독서량이 엄청나야 한다는 것을 꼭 명심해야 합니다. 한 주에 한 권 정도 읽으면 1년에 52권이 되고, 2년이면 100여권인데 이 정도가 최소한의 수준이라고 보면 됩니다. 더구나 책을 단순히 읽은데서 그치지 않고 문학기행이나 저자, 또는 전문가 인터뷰나 미팅 등의 활동까지 생각하면 상당한 수고를 투자해야 합니다. 때문에 가능하다면 팀을 구성해서 서로를 격려하면서 활동하는 것이 바람직하고, 그런 그룹 활동을 통해서 리더십도 길러질 수 있습니다.

"중국의 시인 '두보' 가 말한 것 같이 사람이 태어나서 세 수레의 책을 읽지 못한다면 어찌 글을 읽었다 하겠습니까?" 이 말을 면접장에서 당당히 할 수 있을 수준의 독서를 해보기 바랍니다.

예 · 체능 활동

　예체능 분야의 경우는 대학 전공을 선택하는 경우가 많기 때문에 그다지 선택하지 않는 경우가 많은 것으로 인식되고 있지만 입학사정관들이 판단 할 수 있는 프로젝트로 전공 수준의 실력을 갖고 있는 학생들도 많습니다.

　학교 공부도 열심히 하면서 수준급 운동실력을 보여준다거나, 멋진 작곡이나 연주 실력으로 디지털 싱글 앨범을 발매 할 수도 있습니다. 이런 프로젝트들은 자신이 갖고 있는 능력의 다양성을 보여줌으로써 잠재능력을 간접적으로 나타낼 수 있다고 볼 수 있습니다.

No. 19
프로젝트 콘셉트 — 작곡 및 디지털 앨범 제작

1. **누가** : 음악적 재능이 있가나 관심이 많은 학생.

2. **왜** : 초등학교때 피아노와 같은 악기 연주를 배운 학생들이 상당히 많습니다. 그리고 취미로 악기연주를 즐기는 학생들도 많습니다. 그리고 한걸음 더 나아가 작곡을 할 능력이 되는 학생들도 있습니다. 또는 작곡까지는 아니고 그냥 악보를 읽을 능력이 되는 학생들도 상당수 있습니다.

   음악적 재능은 학생 때 학습에 대한 스트레스를 푸는데 아주 유용한 방법입니다. 그러나 입시와 관련하여 이런 취미는 방해물로 취급됩니다. 그러나 이런 능력은 아무나 갖고 있는 것이 아니고, 이런 특별한 능력을 갖고 있다는 것은 내신 성적과 더불어 잠재능력을 보여 주는 멋진 실적이 될 수 있습니다. 아예 한걸음 더 나아가 직접 작사, 작곡, 연주한 곡으로 디지털 싱글 음반을 발매 할 수도 있습니다. 멋지지 않습니까? 때문에 미국 입학사정관들은 입학사정을 할 때 꼭 예체능에 대한 재능 한가지씩은 확인하고 있습니다.

3. **어디서** : 개인작업 또는 공동작업을 통해서 음반 작업을 할 수 있습니다. 오프라인 미팅을 통해서 작업을 하기 보다는 온라인으로 작업이 가능합니다.

4. **활동** : 작곡은 생각보다 훨신 쉽게 접근 할 수 있습니다. 물론 어느 정도는 공부를 하는수고를 해야 하겠지만 최소한의 재능이나 관심만 있다면 누구라도 도전해 볼 만한 프로젝트입니다.

특히 별도로 레슨을 받지 않고서라도 인터넷 카페 '미디스트 (Midist, cafe.daum.net/midist)'와 같은 전문 동호인 카페를 방문하면 다양한 활동을 할 수 있습니다. 컴퓨터 음악에 대한 초보 가이드를 비롯해서 악기 선정법, 화성학을 비롯한 음악강의, 관련 컴퓨터 프로그램사용법, 레코딩 및 믹싱작업팁, 관련 소프트웨어에 이르기 까지 전반적인 활동을 할 수 있도록 잘 짜여 있습니다.

만일 체르니 정도까지 피아노를 칠 수 있었다고 하면 기본정도는 충분히 갖춰진 것이고, 그렇지 않다고 해도 이 카페에서 다양한 정보를 얻을 수 있습니다. 차분히 한 가지씩 익혀나가면서 스스로의 작품을 다른 회원들에게 평가도 받아보고 하면서 실력을 쌓아나가면 드디어(!) 앨범 발표도 할 수 있을 것입니다.

미디스트 카페 (Midist, cafe.daum.net/midist)

5. 성과물 : 수 년 동안 작업을 한 모든 것들이 성과물이 될 수 있고, 최종적으로는 디지털 싱글을 발매 한 것이 있다면 확실한 실적이 될 것입니다. 또한 단순히 혼자서만 작업을 한 것이 아니라 여러 명이 함께 프로젝트를 진행했다면 그 진행하는 과정도 상세하게 기록으로 남겨서 실적화 할 수 있을 것입니다. 공동작업의 경우는 일단 본인이 어느 정도 프로젝트를 진행하면서 학교에서 함께 작업을 진행할 친구나 선, 후배를 모집하면 좋습니다. 더욱이 고등학생이라면 출신 중학교 후배나 동네 후배들을 모아서 함께 작업을 하고 결과물을 만들어보는 작업을 하는 것도 좋습니다. 이렇게 준비가 되면 국내외 컨테스트에 제출을 해봅니다. 이런 가요제나 음반회사에 데모 CD를 보내는 것은 반드시 합격하지 않는다고 하더라도 좋은 경험도 되고 포트폴리오에 기재 할 수 있는 실적이 됩니다. 아래는 최근 진행된 아마추어 가요제입니다.

'ONE 아시아 가요제'

6. 블로그 : 일단 작업을 시작하면서 시작하는 블로그는 본인이 학
   습한 내용부터 차곡차곡 올려놓습니다. 입학사정관의 판단을
   위해서라도 꾸준한 활동을 한 내용이 확실하게 드러날 수 있도
   록 가능한 한 많은 자료가 축적 될 수 있도록 하는 것이 좋습니
   다. 또한 공동작업을 진행 할 경우는 카페를 개설하게 되는데
   게시판을 여러 개 만들면서 차곡차곡 내용을 채워 넣는 것이
   중요합니다. 한달에 한 두번 왕창 올려놓는 것보다는 한 주에
   몇 개씩 이라도 꾸준히 콘텐츠를 만들어 올려 놓는 것이 중요
   합니다.

<table>
<tr><td>No. 20
프로젝트
콘셉트</td><td>희귀한 운동 종목 활동</td></tr>
</table>

1. 누가 : 운동을 좋아하거나, 운동을 통해서 교류를 원하는 학생.
2. 왜 : 우리 지구촌은 정말 많은 사람들이 살고 있습니다. 다양한
   인종과 나라들이 각자의 역사를 지니고 있습니다. 그렇다 보니
   세계화 된 운동 종목이 있는가 하면 아직 우리에게는 잘 알려져
   있지 않지만 나름대로 훌륭한 운동 종목이 꽤나 많습니다. 미
   국의 경우는 입학사정관이 판단하는 자료에 반드시 체육활동

이 포함되어야 할 정도로 건강한 신체에 대한 중요성이 강조되고 있습니다. 그러나 막상 운동을 하려 해도 웬만한 종목은 정말 많은 수고를 해야지 그나마 조금 했다는 명함이라도 내밀 수 있는 것이 문제입니다. 이런 상황을 타개 하기 위해서 조금 다른 관점에서 운동을 보는 것이 좋겠습니다. 이런 방법은 미국의 명문대학에 다수의 학생을 합격시키는 외고나 민사고에서도 많이 활용하는 방법으로 일반인들에게 잘 알려져 있지 않은 '희귀한 종목'을 발굴하는 것입니다. 이 책에서는 '코프볼(Korfball)'에 대해서 알아봅니다.

3. **어디서** : 학교 운동장이면 OK !

4. **활동** : 최근 '네트볼'은 국내 100여 학교에 보급되어 학교 체육으로 활성화 되고 있습니다. 그러나 코프볼은 서울교대에 동호인 형태의 팀이 처음 꾸려져서, 일단 경기 방법을 알고 게임에 참여해본 경험만 있으면 국가대표 후보(?)가 될 수 있을 정도로 알려있지 않은 종목입니다.

이런 종목을 선택하여 학교에 동아리 형식의 팀을 만들고 꾸준히 다른 팀들과 경기를 하면 전국대회를 한다고 해도 아주 좋은 성과를 얻을 수 있습니다. 물론 수상을 목적으로 하는 것 보다는 초기의 무주공산을 활용해서 정상에 깃발을 꽂을 수 있는 기회를 만들 수 있다는 말입니다.

이런 종목은 지난 2009년 7월에 대만에서 개최된 비올림픽 종

코프볼 경기 모습

언뜻 보면 농구가 아닌가 착각할 정도로 그 모습이 '농구+네트볼' 과 매우 흡사한 '코프볼' 은 지난 1902년 네덜란드에서 첫 선을 보인 이후 1970년 유럽 전역으로 퍼져나가며 큰 인기를 끌었고, 국제적인 경기로 자리 잡았습니다.

코프볼은 3.5m의 골대를 중앙에 배치해 어느 곳에서나 자유로운 공격이 가능하며, 농구와 달리 신장이 경기의 승패에 큰 영향을 주지 않는 스포츠입니다. 팀 구성은 한 팀에 남녀 각각 4명씩이며, 공격과 수비가 2명씩 나눠지며, 공을 가지고는 2걸음 이상 갈 수 없어 반드시 패스를 해야 하며, 따라서 모든 선수가 포지션을 바꿔가며 계속 뛰어다녀야 하는 매우 역동적인 운동입니다.

특히 코프볼은 동성끼리 수비하는 것이 원칙이며, 수비수의 한 팔 범위에 들어간 공격수는 공격이 불가능한데 이는 신체접촉이 엄격히 금지되기 때문입니다. 이에 따라 비교적 다른 스포츠보다 안전해 어린이들에게 추천할 만하고 남녀가 함께 즐길 수 있다는 점에서 발전가능성 또한 높을 것으로 평가되고 있습니다. 사용하는 공은 일반 축구공이며 3.5m 높이의 골대만 있으면 되므로 경기 준비도 간단합니다. 코프볼은 지난 2005년 겨울 서울교대와 자매결연을 맺은 대만의 대북교대에 의해 국내 처음 소개된 이후 서울교대 코프볼팀이 대만으로 직접 건너가 경기방식과 규칙 등에 대해 배워 왔으며, 그해 4월 국제코프볼연맹 총장 등이 한국을 방문, 서울교대에 한국 코프볼 연맹을 설립했습니다.

목의 올림픽이라고 할 수 있는 '가오슝월드게임' 의 종목들을 보면 잘 알 수 있습니다.

대한올림픽 위원회와 대한체육회가 적극 지원한 이번 대회에서 우리나라는 금 6개, 은 3개, 동 6개를 획득해 종합성적 9위의 우

종목	개수	세부종목
Artistic & Dance Sports예술 및 댄스 종목	6	에어로빅 체조, 롤러피겨스케이팅, 댄스스포츠, 트램폴린 & 덤블링, 리듬체조, 아크로뱃 체조
Ball Sports 구기 종목	9	카누폴로, 피스트볼, 코프볼, 라켓볼, 스쿼시, 7인 럭비, 소프트볼, 티처크볼(시범종목), 비치핸드볼(시범종목)
Martial Arts 무도(무술) 종목	4	주짓수, 공수도, 스모, 우슈(시범종목)
Precision Sports 정확(집중) 종목	4	당구, 볼우레스, 볼링, 양궁
Strength Sports 파워(힘) 종목	3	보디빌딩, 파워리프팅, 줄다리기
Trend Sports 인기(추세) 종목	9	산악, 핀수영, 플라잉 디스크, 인명구조, 수상스키 오리엔티어링, 롤러스케이트, 에어스포츠 드래곤보트(시범종목)
	계	공식종목 31, 시범종목 4(35)

수한 성과를 달성하였습니다.

5. **결과물** : 체육 활동의 경우는 체육 관련 학과를 제외하고는 단독으로 활용하기 어려운 프로젝트입니다. 그러나 내신 성적이 우수하고, 특정 과목의 우수성이 인정되는 상황에서는 체육활동 실적은 입학사정관에게 상당히 긍정적인 결론을 낼 수 있도록 유도합니다. '건강한 육체에 건강한 정신' 이라는 올림픽 구호와 같습니다.

일단 이런 종목을 통해서 정기적인 운동을 한다면 그 내용을 꾸준히 블로그나 카페를 통하여 확인하여야 하며, 동시에 전국단위 대회에 참가하여 성적을 올리는 것이 최상의 시나리오입니다. 앞서도 언급한 것과 같이 팀만 구성해서 대회에 참가하면 최소한 고등부나 중등부 3위 이내로 입상하는 것은 어렵지 않습니다. 그 이유는 지난해 MBC의 '무한도전' 팀이 전국체전 에 어로빅 부문에 참가하여 은메달을 단 것과 같은 방법입니다.

6. 학과진로 : 체육활동은 체육 관련 전공으로 생활체육학과, 사회 체육학과, 스포츠과학 학부, 체육학부, 운동처방학과, 재활치 료학과, 스포츠 의학학과, 특수체육 교육학과, 스포츠 이벤트, 스포츠 마케팅 학과, 레저스포츠 학과 등에 지원이 가능하고 이외의 학과는 최상위권 학과의 입학사정관제 지원 시 판단자 료로 활용이 가능합니다. 건강한 육체에 건강한 정신이 깃든다 는 것은 진리입니다.

어학 관련 프로젝트

　어학 관련 프로젝트라면 토플이나 템스 점수와 같은 단순 점수 따기 활동만 생각되지만 실제로 어학과 관련된 활동은 무척 많습니다. 어학관련 활동에 대해서 입학사정관이 긍정적으로 판단을 할 수 있는 것이 어떤 것일까에 대하여 먼저 생각해 보면 됩니다. 입학사정관이라고 해서 유별난 판단 기준을 갖고 있는 것은 아닙니다.

No. 21
프로젝트 콘셉트　　　만화/영화 번역 프로젝트

1. 누가 : 만화를 좋아하는 학생. 영화(미국 드라마)를 좋아하는 학생

2. 왜 : 인터넷 상에 동영상 콘텐츠들이 아주 많습니다. 그리고 개

인 카페들 중에서 영화나 만화를 전문적으로 올려놓는 곳이 많은데 상당수가 직접 번역한 콘텐츠들을 올려놓습니다. 물론 이런 콘텐츠들은 불법이고 특히 미개봉 최신작들은 반드시 피하고, 저작권 기간이 지난 콘텐츠들에 대한 번역이나 저작권에 크게 문제가 되지 않을 만화 등의 콘텐츠에 '번역만' 하는 것은 아주 멋진 프로젝트입니다.

3. **어디서** : 인터넷 상에서 꾸준히 작업 진행

4. **활동** : 인터넷 상에서 돌아다니는 동영상 콘텐츠들에 번역자막을 진행하는 것입니다. 번역이라고 하면 대단한 무엇을 하는 것으로 생각하는데 막상 해보면 그렇게 대단한 일은 아닙니다. 더구나 번역은 문법적인 지식보다는 커뮤니케이션 능력이 더욱 필요합니다. 만화콘텐츠에 대한 번역은 개인이 하는 경우도 있지만 여러 명이 공동작업으로 번역을 합니다. 각자 분량을 나누어 번역을 하거나 내용을 분석해서 공유하는 등의 작업을 통해서 한편 한편 번역을 하게됩니다.

일본 만화의 경우는 일본어를 공부한 수준이 얼만큼만 되면 말이 들려서 번역한 내용이 절반 나머지는 대충 내용을 추측해서 맞춘 내용이 절반이 됩니다. 번역작업에 참여하지 않고 그냥 보기만 하는 네티즌들의 댓글에서도 "워낙 많이 보다 보니 이젠 듣기만해도 절반은 알아듣겠네…"라고 하는 경우가 많습니다. 일본 애니 관련 카페에 가입을 하면 신규 애니메이션을 접할 수

있고, 미드 카페에 가입하시면 미국 드라마들을 만날 수 있습니다. 그리고 대부분의 콘텐츠들이 시리즈이기 때문에 기본적인 구성에 대해서는 이미 정보가 오픈되어 있어서 기본번역의 1/3은 그냥 정리됩니다. 번역을 한다는 것은 영어교과서 본문 해석과는 다른 것입니다. 살아 있는 대사를 살려내는 것이기 때문에 정확한 문법적 오류 수정과 같은 부분 보다는 전체적인 맥락의 이해가 필요하고, 그렇게 첫 번째 번역본을 '초벌 번역'이라고 합니다. 그리고 그 번역내용을 갖고 디테일한 번역을 하게 되는데 처음에는 '초벌 번역'을 주로 하게 되고 점차 경험이 쌓이면 본격적인 번역을 할 수 있게 됩니다.

5. 성과물 : 입학사정관에게 제출할 성과물로서 '영화번역'은 토플 만점과도 비교 할 수 있을 정도의 가치를 보여 줄 것입니다. 그것도 단순하게 한두 건의 번역이 아니라 아예 전문 카페에서 지속적으로 활동을 해 온 것을 제시하게 된다면 대단한 성과물이 아닐 수 없습니다. 또한 번역 작업을 공동으로 했다면 공동작업을 통한 리더십에 대해서도 인정을 받을 수 있는 기회가 될 것입니다.

*보통 어학 시험 준비를 하면서 어려움을 겪는 것은 이런 시험이 단순하게 점수만을 위한 공부를 하기 때문입니다. 물론 대학 입학을 위한 학습이기는 하지만 지루하고 따분한 것만은 사실입니다. 이럴 때 자신이 번역한 만화영화를 많은 사람들이 보고

또 격려와 감사의 댓 글을 달아주는 것을 본다면 힘도 나고 재
미가 있을 것입니다.

6. **포트폴리오** : 기본적으로 자신이 번역한 (만화)영화의 번역자 크
   레딧(영화 제일 뒷부분에 이름이 나오는 부분)을 캡쳐한 것과 활동
   하는 카페의 본인 활동 내용 캡쳐, 그동안 작업한 영화 리스트,
   대표적으로 제시할 수 있는 번역 대본등을 한 세트로 준비하면
   됩니다. 이렇게 서류를 제출하게 되면 반드시 면접 때 실력을
   확인하려고 할 것입니다. 당황하지 마시고 찬찬히 그동안 활동
   을 한 내용들을 설명하면 되고 만일 좋은 대학교(!) 라면 학교
   측에서 영화 중 한 장면을 제시하고 즉석에서 번역해 보라고
   할 수도 있습니다. 그렇다고는 해도 전문가 수준의 대단한 내
   용 보다는 평이하지만 영화적인 지식이 필요한 부분을 제시 할
   것이니 침착하게 번역을 해보시고, 만일 잘 모르겠는 부분이
   있으면 억지로 말을 만들려고 하지 말고 솔직하게 양해를 구하
   고 할 수 있는 만큼만 해보시기 바랍니다.
   저작권관련 문제를 생각해보면 만화나 영화들의 번역 작업은
   다소 문제를 갖고 있을 수 있습니다. 그러나 자신이 직접 다운
   로드를 받은 후 업로드까지 하는 것이 아니라 단순히 번역만 하
   는 것은 문제가 되지 않습니다.

경제 경시대회 참가 프로젝트

No. 22
프로젝트
콘셉트

경제 경시대회 참가 프로젝트

　혼히 알고 있는 경시대회로 가장 유명한 것은 수학과 과학 올림피아드입니다. 이 경시대회는 세계 대회를 대비한 국가대표 선발전의 의미가 있기 때문에 시험 범위가 대학교 2~3학년 수준으로 장려상이라고 하여도 입상만 하면 상당한 실력을 인정받습니다. 그러나 올림피아드 대회에 대한 대학들의 관심이 높아지고 학생들의 참여가 활발해지면서 고액의 사교육 문제가 대두되어 2010학년도부터는 올림피아드 시험의 시상 제도가 없어져버렸습니다. 게다가 공식적으로는 대학 입학전형시 점수화가 되지 않습니다.

그런데 이렇게 자연계에만 경시대회가 있느냐 하면 그렇지 않습니다. 경제분야에도 최근 4개의 경시대회가 진행되고 있습니다. 이 경시대회는 인문계 학생들에게 매우 훌륭한 실적을 만들어 주는 시험입니다. 인문계에서는 딱히 공식적인 결과물을 만들어 내기 어렵습니다. 그런데 유명 경제신문들이 경쟁적으로 사회 초년생들의 입사 지원 시 필요한 스펙을 위해서 만든 것인데 의외로 고등부 경시에 대한 결과를 대학측에서 긍정적으로 참고하고 있습니다.

물론 경제경시대회도 수학과 과학 올림피아드와 같이 공식적으로 점수화되지는 않습니다. 그러나 입학사정관제의 특성상 일단 이런 실적이 있다면 당연히 입학사정관님들이 관심을 갖고 긍정적으로 보기 때문에 의미있는 프로젝트라고 할 수 있습니다.

1. 누가 : 경영, 경제에 관심이 많은 학생
2. 왜 : 인문계 학과에서 입학사정관제를 하게 되면 어학을 빼놓고는 평가할 만한 내용이 없습니다. 그런데 경영, 경제학과의 경우는 수학을 비롯하여 연관된 관련 학습이 많이 되어야 성취도가 높아집니다. 그렇기 때문에 어느 정도 수준의 학습이 되어 있는가를 확인할 수 있는 시험이 필요하고 이를 위해서 시작된 시험들이 있습니다.

· KDI 경제경시대회 – 한국개발연구원
· 한경 TESAT(Test of Economic Sense And Thinking) – 한국경제신문
· 매경 TEST – 매일경제신문
· 전국고교증권경시대회 – 한국증권협회

3. 어떻게 : 네 시험이 모두 경제학원론 이상의 학습을 해야 문제를 풀 수 있는 수준이 됩니다. 어렵다는 말입니다. 이 시험들이 모두 원래 대기업 입사 시험을 대체하려는 목적으로 만들어 졌는데, 고교생들도 시험을 볼 수 있게 하자 학생들이 오히려 상당히 높은 점수를 받고 있습니다. 각각의 시험들은 진행쪽 사이트에 들어가보면 상세히 나와있습니다.

*경제 경시대회 학습방법은 보통 '맨큐의 경제학'을 기본 텍스트로 하는 경우가 대부분입니다. 이 책은 현재 상당수의 대학교에서 기본 교재로 사용하고 있어서 1,000페이지가 넘는 방대한 규모이기 때문에 만만치 않습니다. 그러나 서울대 등의 특기자 전형을 위한 스펙용으로 경제경시대회를 참고하기 때문에 많은 고등학생들이 보고 있는 책입니다. 그리고 인터넷 강의를 듣거나 학원을 수강하는 경우가 많습니다. 경제경시대회는 고등학생부를 별도로 시험을 치고 있기 때문에 요즘에는 고등학교 경제 과목 수준에 시사성 있는 부분을 첨가하여 출제하는 경향

입니다. 우선 기출문제를 잘 풀어보시고 자신에게 맞는 공부방
법을 찾는 것이 제일 좋습니다.

4. **결과물** : 시험이기 때문에 점수나 등급이 나옵니다. 이 점수와
기타 다른 것을 합하면 충분한 전형자료로서 역할을 다 할 것
입니다.

만들기/공작 관련 프로젝트

**No. 23
프로젝트
콘셉트** 만들기/공작 프로젝트

만들기 관련 프로젝트는 다양한 분야에서 개인의 능력을 보여 줄 수 있는 아주 유용한 프로젝트 들입니다. 초등학교 때 수업을 했던 '실과' 관련 내용들의 확대판이라고 하면 좋을 것입니다(요리, 의류, 공작).

1) 의상, 의류 관련 프로젝트

단순한 의상디자이너가 아니라 패션에디터 등 패션과 관련된 여러 가지의 일을 하고 싶은 학생의 경우는 꾸준히 의상디자인 학원에 다니면서 여러 가지 공모전에 응모해서 수상경험을 쌓고, 의류회사의 모니터 요원으로 활동을 하는 것이 다 실적이 됩니다. 통상 학과별 모집일 경우 의상학과는 디자인계열이 아니기 때문에 수능성적을 봅니다. 그러나 입학사정관전형에서는 내신성적과 스펙을 보기 때문에 적성과 연계된 여러 가지 실적을 만드는 것은 아주 중요합니다. 물론 디자이너가 꿈인 학생은 미대 입시와 거의 유사한 준비를 해야 하기 때문에 입학사정관제와는 다소 거리가 있습니다.

패션디자인도 직접해보면서 블로그에 패션에 대한 코멘트를 계속 업로드하고, 학교 축제에 친구들과 함께 전시회를 하는 것도 좋은 방법이며, 봉사활동으로 지역아동센터에서 사용할 가운이나 앞치마 등을 디자인해서 기증하는 것도 좋은 경험이자 실적이 될 것입니다. 이렇게 자신이 갖고 있는 능력을 주위와 함께 나눌 수 있으면 아주 멋진 스펙이 됩니다.

2) 요리 관련 프로젝트

요리도 마찬가지입니다. 단순히 요리 전공을 원한다면 요리학원에서 스킬을 쌓고 해당 전공 학과로 진학하면 되지만 단순 요리가 아니라 경영, 마케팅 등과 연계된 식음관련 서비스업쪽으로 관심을 갖고 있다면 요리에 대한 기초적인 지식과 기술을 익힌 다음에 테마를 정해서 꾸준히 연구와 개발을 해보는 것이 좋습니다.

예를 들어서 전통 한식의 세계화를 위한 서구식 식단 개발하기 등을 테마로 잡고서 떡볶이를 새로운 관점에서 외국인들이 쉽게 접할 수 있도록 개발 해본다던지 하는 것 등입니다. 물론 이런 새로운 음식을 개발한다는 것이 쉽지는 않지만 그렇다고 해서 정답이 딱 있는 것도 아니니 이렇게 저렇게 만들어서 블로그에 올리고, 국내외의 음식 관련 행사에 적극적으로 출품해보는 것이 좋습니다. 그러나 단순히 요리 기능에 대한 능력을 인정받으려고 하는 것이 아니기 때문에 지나치게 대회만 전전하는 것도 바람직하지는 않습니다.

오히려 대회출전과 함께 요리에 대한 전문 블로그를 운영하면서 각종 칼럼 등을 언론 매체에 기고하거나 가능하다면 해외의 언론에 우리나라의 음식을 소개하는 글을 투고하는 등의 방법을 활용하는 것이 바람직합니다. 해외 언론에 기고는 하더라도 게재가 되는 것이 쉽지는 않지만 꾸준히 투고를 진행하다보면 그 정성에 감복하여(?) 게재를 해주는 것이 인지상정입니다. 예를 들어서 최근 논란이 된 김치와 관련하여 말썽을 빚은 산케이(産經) 신문과 경쟁 관계에 있는 신문사에 이메일로 지속적으로 투고를 하면 게재 될 수 있습니다. 물론 일본어로 써야 되니까 많은 공부를 해야 하겠지요. 그리고 일본어 선생님이나 주위에 일본어를 잘하는 분께 도움을 받으십시오 (이런 방법은 필자들도 종종 활용하고 있는 방법입니다).

또한 의상부분과 마찬가지로 봉사를 목적으로 식단을 개발하는 것도 추천합니다. 노숙자들을 위한 요리를 개발해서 노숙인 봉사단체에 제안을 하거나 기증을 하는 것을 생각해 볼 수 있습니다.

3) 기타, 공통 사항

기타 만들기 프로젝트는 전국규모나 지역단위의 경연대회나 전시회 등의 프로그램이 흔치 않습니다. 그렇기 때문에 공식적인 실적화하기 위해서는 스스로 자신이 진행하고 있는 프로그램들을 다른 대형 이벤트와 연계하여 진행하려는 시도가 필요합니다. 예를 들어서 지역단위 행사나 축제 등에서 자신이 진행하고 있는 프로젝트가 참여 할 수 있도록 사전에 협의를 하면 좋습니다. 예를 들어 도봉구민의 날에 구민들의 행사참여 코너에 자기가 하고 있는 프로젝트를 전시, 공연하는 것입니다.

또 다른 예로는 2009년 11월말에 KBS 코미디 프로그램인 〈개그콘서트〉의 '쓸쓸한 인생' 코너에 로봇이 등장하여 출연자에게 물세례를 주는 장면이 있었는데, 바로 그런 상황을 프로그램 제작진에게 제안하여 실현해보는 것입니다. 이런 방법은 의외로 생각보다 잘 먹힙니다. 우리나라에는 공중파 방송 말고도 수십 개의 케이블TV 채널이 있고, 지역마다 지역 방송국이 있습니다. 그 많은 방송국에서 늘 새로운 방송용 아이템을 찾고 있기 때문에 적극적으로 제안을 하면 참여의 기회가 주어질 것입니다.

방송/신문/언론 관련 프로젝트

　방송과 신문에 관련하여서는 기자 활동을 제일 먼저 구상할 수 있습니다. 그런데 기자 활동이라면 활동할 수 있는 영역이 매우 제한적이기 때문에 어느 곳에서 활동할 수 있는가를 찾는 것이 중요합니다. 크게 몇 가지 그룹으로 나누어서 생각해 볼 수 있습니다.

　이런 활동은 그 자체만으로는 제대로 평가 받기 힘듭니다. 때문에 본인이 활동하고 있는 내용들을 블로그나 카페를 통해서 지속적으로 업데이트 하고 활동 중에 확인할 수 있는 기타 활동이나 수상실적 등을 잘 챙겨야 합니다. 또한 동아리 활동 등과 연계하여 팀 단위로 활동하면 보다 액티브한 결과를 기대 할 수 있습니다. 가장 중요한 것은 적극성입니다.

정부 각 부처들마다 일반 국민들을 대상으로 하는 블로그를 운영하고 있으며 블로그 운영을 위하여 참여 블로거 또는 블로그 기자단을 운영하고 있습니다. 각 블로그마다 모집인원은 극히 적지만 거의 모든 정부 기관에서 운영하고 있기 때문에 기회가 상당히 많습니다. 물론 대학생 이상을 대상으로 하는 블로그들도 있으나 청소년과 관련된 분야는 당연히 학생들을 모집히기 때문에 적극적으로 시도 해 보는 것이 좋습니다. 우선 전체적으로 정부기관에서 홍보 목적이나 또는 시민 참여를 위하여 운영하는 블로그나 사이트들을 살펴본 뒤에 가장 관심 있는 분야의 블로그의 기자모집에 응모하여 참여하면 됩니다.

참여 방법과 활동 내용은 각 기관이나 블로그마다 다르기 때문에 시간이 날 때 마다 접속하여 살펴보아야 합니다. 이런 블로그 기자 활동은 국가 기관에서 공식적으로 자원봉사 형태로 활동하게 되기 때문에 입학사정관들의 관심을 끌기 좋습니다. 물론 단순하게 참여 했다는사실 보다는 어떻게 활동하였느냐가 중요하겠지요. 자신의 블로그에도 취재한 기사들을 잘 정리해 놓으면 포트폴리오를 작성할 때 아주 좋습니다. 중앙 정부기관의 블로거로 활동하면 전국 단위의 활동을 하는 것이기 때문에 국가 정책에 직접 참여하는 기회가 됩니다.

앞에서도 언급했지만 단순한 기자나 블로거 활동은 한마디로 '약하다' 고 할 수 있습니다. 그렇다면 구체적인 '내용' 을 만들어야 합니다. 공기관에서 블로그등 홍보를 위한 각종 프로그램을 운영하는 이유는 '대국민 홍보' 입니다.

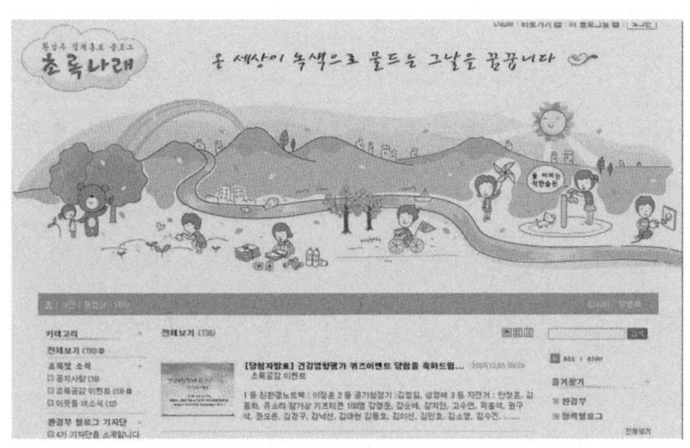

환경부 블로그

그런 활동을 하는 데는 반드시 예산이 편성되어 있어서 비용을 충당하게 되는데 의외로 예산의 구체적인 용처가 확정되지 않은 상태에서 진행되는 경우가 있습니다. 물론 구체적인 계획인 아직 없다는 말이지 예산을 사용하는 항목은 있습니다. 그런 경우에는 블로거 기자로 활동하면서 구체적인 활동 기획안을 제출해서 예산을 지원받

204

아 활동을 할 수도 있습니다.

이런 기획안을 제안해서 활동을 하려면 기본적으로 운영 기관에서 인정을 받는 활동가가 되어야 한다는 것은 당연합니다. 우선적으로 활발한 활동으로 많은 사람들에게 주목을 받게 되면 활동을 할 수 있는 기회가 폭 넓게 열리기 마련입니다.

예를 들어서 환경부 전문 블로거 기자로 활동한다면 지역의 환경 문제를 시민의 시작에서 예리하게 지적하거나 정부 정책에 대한 찬, 반의 의견을 제기하는 기사를 꾸준히 업로드할 수 있습니다. 그러다가 보면 거의 '꼭' 있는 보너스 활동이 바로 '해외 환경 체험' 프로그램입니다. 이런 체험 활동에는 우선적으로 가장 활발한 활동을 한 블로거가 우선 선발될 것이고 그 다음은 지원을 받거나 추첨을 하게 될 것입니다.

또는 예를 들어서 정부에서 집중적으로 진행하고 있는 4대강 사업 등에 대한 해외의 구체적인 사례들에 대한 탐방기 기획을 하여 제안을 하고, 전부지원이나 부분지원 또는 해외 공관의 지원을 받아서 활동을 해 볼 수도 있습니다. 이렇게 적극적으로 프로그램을 기획하고 제안해서 사업화하는 적극성과 창의성은 입학사정관들이 보기에 진취적인 인재로서 부족함이 없습니다.

물론, 4대강 사업의 경우는 여론에서 찬, 반의 의견이 팽팽하게 나뉘고 있습니다. 그렇다고 해서 반대의 의견이 진보적이고 찬성의 의견이 보수적인 의견이라고 하여 옳고 그름의 흑백을 나누는 선입견을 갖을 필요는 없습니다. 민주사회에서는 각자의 의견이 있을 수 있으며, 이런 의견들이 얼마나 논리적이고 객관적으로 상대방에게 전달할 수 있느냐가 '입시를 앞두고 있는 학생들에게' 는 중요한 부분입니다. 그렇기 때문에 사회적 여론상 열세에 있는 위치로 자신의 의견을 포지셔닝하고 구체적인 활동을 통해서 그 주장을 제시하게 되면 오히려 신선한 충격을 줄 수 있습니다. 저널리즘은 꼭 대세의 위치에만 서 있는다고 인정 받을 수 있는 것은 아닙니다.

No. 25 프로젝트 콘셉트 — 지방자치단체의 시민 기자활동

시, 도 단위의 지방자치단체에서도 각기 일반인을 대상으로 하는 블로그를 운영하기 때문에 중앙 정부 기관의 블로그 참여와 같은 방법으로 기자 활동을 하면 됩니다. 그런데 지자체들의 경우는 단순한 블로거 활동보다는 본격적인 지역 기자로서의 활동도 가능합니다. 지역 방송기자와 지역 인터넷 신문 기자로서 활동하게 되면 좋은 경험도 되고 언론인으로서의 기본적인 소양도 기를 수 있습니다.

지자체와 연계된 활동은 중앙정부기관에서 일하는 것과 다른 점이 많습니다.

우선 중앙정부기관은 전 국민을 대상으로 운영되기 때문에 활동을 하는데 이런저런 제약이 많고 경쟁도 상당히 심합니다. 그렇지만 지자체들은 시도등 지방의 시민들이 그 활동 무대이기 때문에 지역에 밀접한 내용이라서 거리감이 없고 상대적으로 경쟁도 적습니다. 물론 국가적인 아젠다보다는 생활밀착형 이슈를 대상으로 활동하기 때문에 아무래도 무게감이 조금 떨어지기는 합니다. 그렇지만 학생의 신분에서 가능한 활동으로는오히려 중앙 정부기관과 연계된 활동보다 훨씬 효율적이라고 할 수 있습니다.

1. 인터넷 방송국의 동영상 기자 활동

지방자치단체들의 경우는 각 기관 별로 인터넷 방송국을 운영하고 있습니다. 물론 활발하게 운영하는 곳과 그렇지 않은 곳이 있기는 하지만 시청이나 구청 등에서는 대부분 동영상을 중심으로 하는 인터넷 방송국을 운영하고 있기 때문에 방송기자나 영상물 제작에 관심이 있는 학생들의 경우는 참여해 보는 것이 좋습니다.

특히 학교 방송반의 경우는 자기 학교의 새소식을 정기적으로영상 뉴스로 만들거나 지역의 청소년 관련 이슈들을 UCC 형식으로 만들어 올리면 아주 좋습니다. 이렇게 활동을 하면 단순하게 학교에서 다른 학생들과의 교류에 제한되지 않고 보다 넓은 지역사회의 이슈에도 접할 수 있게 되어 다양한 시각을 갖을 수 있게 됩니다.

이런 동영상 UCC를 제작하기 위해서는 지역에서 발행되는 지역

신문들을 꾸준히 구독해보면 좋습니다. 지역신문들은 동사무소(주민자치센터) 기관에는 무료로 배포하기 때문에 학교 방송반에서 구독한다고 신청하면 무료로 받아 볼 수 있는 경우가 대부분입니다. 지역 신문들은 지역의 소소한 뉴스나 이슈들을 다루기 때문에 의외로 주변에서 일어나는 사건, 사고나 미담에 대해서 많은 정보를 얻을 수 있습니다. 그래서 그런 뉴스들을 동영상으로 가공해서 제작하면 아주 멋진 콘텐츠가 될 수 있습니다.

이렇게 만들어진 콘텐츠들은 각종 공모전 등의 다른 용도로도 활용이 가능하기 때문에 일석이조의 효과를 기대 할 수도 있습니다. 열심히 하면 지자체에서도 감사의 뜻으로 시상을 하거나 하는 경우가 있습니다. 이런 것은 보너스라고 할 수 있습니다.

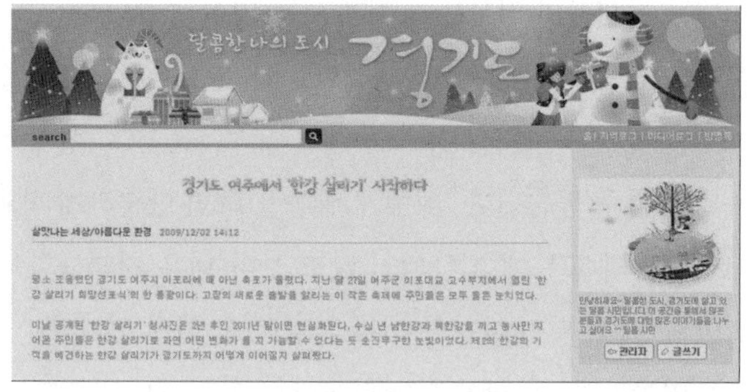

경기도 블로그

2. 인터넷 신문의 기자활동

   시, 구의 새로운 소식을 전하는 인터넷 신문도 운영하고 있어서 시민들의 자발적인 참여가 가능합니다. 일부 기관에서는 시민기자들을 정기적으로 모집하여 활동하고 있지만 대부분의 경우는 그 지역 주민일 경우 간단한 가입 절차만을 거쳐서 시민기자로 활동할 수 있도록 하고 있습니다.

   다음은 수원시의 인터넷 방송국의 초기 화면과 인터넷 신문의 시민기자 가입창입니다. 다른 지역의 자자체들도 대부분 비슷한 유형의 기자단을 운영하고 있기 때문에 활동할 수 있는 기회는 많다고 할 수 있습니다.

   인터넷 기자로서 활동하게 되면 대단한 특종이나 이슈성 기사가 아니라 지역의 미담이나 청소년 선도사례 등을 중심으로 취재 활동을 하게 되어, 덤으로 지역에 대한 봉사활동도 겸할 수 있어서 일거양득의 기회가 주어지기도 합니다. 또한 대표적인 청소년 활동이라고 할 수 있는 환경지킴이의 활동도 동시에 진행이 가능하기 때문에 포트폴리오의 주제에 따라서는 콘텐츠가 풍성해질 수 있습니다.

수원시 인터넷 방송국

3. 중앙 언론사의 독자참여

중앙언론사의 경우는 국내 최대규모의 전문 기자단을 확보하고 있고 직접지면 참여보다는 독자들의 손쉬운 참여공간인 인터넷 게시판 또는 기사 댓글을 운용하고 있기 때문에 독자들이 참여 할 수 있는 여지가 매우 좁습니다. 그러나 각 언론사마다 독자들이 참여 할 수 있는 공간은 다 만들어 두고 있습니다.

1. 중앙 신문사 : 조선, 동아, 중앙일보 등의 중앙지의 단지 매주 특정 요일에 나오는 섹션면의 독자참여가 가능합니다. 그러나 해당 섹션면을 후원하는 후원사들에서 대부분의 콘텐츠를 담당하고 있기 때문에 참여 가능성은 그리 높지 않습니다. 그러나 각 섹션에 맞는 이슈를 기획해서 담당기자에게 접촉하여 기사화를 제안하는 형식으로 관계를 갖다보면 의외로 고정 칼럼니스트로 활동하는 경우도 있습니다.

그리고 국민주주 형식으로 창간된 한겨레신문 에서 매주 1~2회 정도 특정 주제에 대한 독자들의 투고를 게재하고 있습니다. 이 독자투고란은 학생부터 전문가들까지 계층을 가리지 않고 글

을 게재하기 때문에 참여할 수 있는 공간이 그래도 넓은데 채택
되는 글의 수준이 워낙 높아서 이 코너의 글들을 모아서 논술용
교재가 출판되기도 했습니다. 때문에 열심히 글을 써서 이 지면
에 게재만 된다면 확실한 포트폴리오가 될 수 있습니다.

2. **공중파 방송사** : 현재 중앙 공중파 방송국은 KBS, MBC, SBS,
EBS의 4개이며 각 지역별 공중파 방송국이 있습니다. 방송국
은 그 특징상 영상을 다루기 때문에 참여하기가 중앙 신문사보
다 더 어렵습니다.

그러나 개별 프로그램 차원에서 참여의 가능성은 있습니다. 학
생들이 참여 가능한 프로그램들은 교육 또는 환경 관련 프로그
램인데 현재는 직접 참여보다는 프로그램 제작과 관련하여 간
접 참여 정도가 가능합니다. SBS의 환경 캠페인 프로그램이나,
EBS의 교육 관련 프로그램들을 검색하여 보고 참여 가능한 부
분을 찾아보기 바랍니다.

4. 케이블TV(PP) 프로그램 제작 참여

케이블TV(PP)를 보통 케이블채널이라고 부릅니다. 현재 모두 86개의 채널이 운영되고 있습니다. 이중에서 직접 프로그램 제작을 활발하게 진행하고 있는 채널들은 대략 20여 개인데 이들 채널들에서 제작하는 프로그램들을 확인하여 본인이 관심 있는 분야라면 적극적으로 의견을 개진하고 제작에 참여하는 방법을 찾으면 됩니다. 케이블TV 채널은 공중파 방송에 비해서 제작비 등 제작 환경이 열악한 것이 사실입니다. 때문에 한정된 인력과 자원으로 프로그램을 제작하기 때문에 스스로 제작에 참여하겠다면 긍정적으로 받아들이는 경우가 많습니다. 채널들 중에서 뉴스, 청소년, 교육, 교양, 정보 채널에서 비교적 많은 참여공간이 있는 것으로 알려지고 있습니다.

우선 자신이 관심을 갖고 있는 분야를 결정한 뒤, 구체적으로 할 수 있는 일을 구상한 다음 프로그램에 참여를 제안해 보시기 바랍니다.

예를 들어 학교 방송반으로 활동하고 있다면 짤막한 단막 꽁트를 구성해서 매월 1회씩 공급한다거나, 중요한 교육관련 이슈에 대한 의견 리포팅, 청소년 패션 리포트 등의 아이템을 구체화 하여 제안하면 검토가 될 것입니다.

이 프로젝트는 방송에 관심이 많은 학생이 진행하면 좋은 프로젝트입니다. 그러나 영상을 기본적으로 이해하고 있어야 하기 때문에 쉽지 않은 프로젝트입니다. 또한 개인이 접근하기 보다는 방송반처럼 팀으로 활동해야 원활한 활동이 가능하기 때문에 프로젝트의 규모가 커지기 마련입니다. 방송은 결국 아이디어의 싸움입니다. 수동적인 마인드를 갖고는 불가능 하기 때문에 확고한 의지와 아이디어를 준비한 뒤 시도하는 것이 바람직합니다.

No. 28 프로젝트 콘셉트　　지역 언론사 활동

5. 지역 언론사에서의 활동

지역 언론사는 광역자치단체 또는 기초자치단체를 권역으로 하여 언론 활동을 하는 회사들을 말합니다. 지역 언론사는 다음과 같습니다.

1. 지역 공중파 방송사: 대전방송, 광주방송, 부산방송 등
2. 광역 자치단체 단위 지방 신문사: 매일신문, 충청일보, 부산일보 등
3. 기초 자치단체 단위 지역 신문사: 옥천신문, 안산신문 등
4. 지역 케이블TV(SO)

지역 공중파나 광역 단위의 언론사라고 해도 주로 지역의 현안이나 관심시를 주로 다루기 때문에 학생들이 활동 할 수 있는 여지가 비교적 많은 편입니다. 특히 시, 군단위 각 지역의 소식을 전하는 면에서는 소소한 지역의 사건 사고 동정들에 대해서 기사가 나가고 있습니다. 그리고 기초자치단체 범위의 소형 언론사들은 기본적인 제작인력이나 재원의 부족으로 관공서 등 보도자료가 생산되는 곳 이외의 뉴스를 다루는데 어려움을 겪고 있습니다.

때문에 학생들이 이런 언론사를 통해서 활동하는데 비교적 문호가 열려있다고 볼 수 있습니다. 앞서와 마찬가지로 자신이 관심있는 부분을 결정한 뒤 활동 할 계획을 세워서 제안을 하면 명예기자 등의 자격으로 기사를 게재 할 수 있는 기회가 주어질 수 있습니다.

예를 들어 환경지킴이 활동 리포트, 청소년 문제 리포트, 입시와 학습 관련 리포트 등을 할 수 있는 기회를 얻을 수 있을 것입니다. 학생이기 때문에 관심을 가질 수 있는 부분들을 집중적으로 리포트하여 기사화할 수 있을 것입니다. 특히 이런 활동을 장기간에 걸쳐서 집중적으로 하게 되면 기자로서의 기본적인 소양도 기를 수 있기 때문에 나중에 직업 선택시에도 상당한 도움이 될 수 있습니다.

청소년 기자 또는 명예기자 등으로 활동 할 때는 반드시 개인 블로그를 운영하여 생산한 기사 또는 글을 모아서 한눈에 알아볼 수 있도록 하고, 지면 신문에 게재된 것도 반드시 스크랩하여 실적 자료로 활용하는 것을 잊지 말아야 합니다. 특히 글을 쓸 때는 단순히 눈에 뜨이는 이슈를 따라가는 것이 아니라 본인이 명확하게 주제를 설정하여 기획 취재를 하거나 글을 쓰는 방법을 사용하여야 보다 깊이 있고 전문적인 활동을 할 수 있을 것입니다.

No. 29
프로젝트 콘셉트

전문분야 언론사 독자 기자단 활동

6. 전문 분야 언론사 : 환경, 교육, 지역 등 업계 전문 신문 또는 잡지

현재 우리나라에는 전문 분야별 전문지들이 엄청나게 많이 있습니다. 대형서점에 나가보면 잡지코너를 가득 채운 모습을 볼 수 있는데 이중에서 여성지를 제외하면 다양한 분야의 전문잡지들이 자리를 차지하고 있음을 알 수 있습니다. 취미를 비롯해서 각 업계 전문지 등 수많은 전문지들이 있는데 그중에서 자신이 관심 있는 분야의 전문지를 구독하면서 직접 콘텐츠를 만들어 넣을 수 있는 방법을 찾아봅니다.

예를 들어 생물학에 관심이 많은 학생의 경우는 '자연과 환경' 출판사에서 발행하는 곤충 전문지에 자기가 사는 지역의 산에 서식하는 곤충에 대한 글이나 사진을 투고한다던지, 여름방학 때면 초등학교 앞 문구점에서 방학숙제용으로 판매하는 곤충의 문제점에 대해

서 기사를 작성하는 등 자신이 직접 체험하거나 조사, 연구한 내용을 기사화 하는 것을 기획해보는 것입니다. 또한 프라모델 만들기에 취미가 있는 학생은 프라모델 전문지에 자신이 만든 프라모델 디오라마를 제안하는 등의 활동을 할 수 있습니다.

또한 청소년 문예전문지에는 자신이 속한 학교 문예반에서 지속적으로 원고를 투고하거나, 방학, 입시, 이성친구 등 직접 테마를 정하고 그에 맞는 원고를 단체로 써서 제출해 봅니다.

또한 패션유통전문지에는 청소년들이 구매할 수 있는 브랜드들에 대한 선호도 조사나 AS의 문제점 등에 대한 기획 기사를 준비해서 투고 또는 명예기자로 투고를 하는 것을 제안해봅니다. 일단 몇 번 글을 쓰다보면 아예 정규 칼럼으로 글을 올릴 수도 있습니다.

이런 전문지들은 상당한 전문성을 갖고 있는 매체이기 때문에 개인이 진행하는 것보다는 팀 단위 또는 동아리 단위로 활동하는 것이 적합할 것입니다. 때문에 학교 동아리와 연계하여 대외 활동으로 활용하는 것이 바람직합니다. 그런데 학생의 신분으로 활동을 하는 것이기 때문에 미숙한 점에 대하여 상당한 이해를 받을 수 있습니다. 보다 적극적으로 자기가 좋아하는 분야에 대해서 적극적으로 시도하는 것이 필요합니다.

그리고 덤으로 전문지들은 각 분야의 전시회나 시상식등과 같은 행사를 하고 있기 때문에 그런 행사에 참여 할 수 있는 기회가 주어질 수도 있습니다.

7. 외국(어) 신문사 기자단 활동

1. 외국어(英字) 신문사 독자(명예)기자 활동 또는 정기적인 투고

2. 국내 신문사 일본어판 독자기자 활동

3. 외국어 전문 잡지사 독자 투고 활동

4. 외국 신문사에 직접 투고

영어 신문의 경우는 요즘 학생들의 컬럼을 고정란으로 싣거나 자주 채택하여 기사화하고 있습니다. 이것은 최근 들어 중, 고등학생의 영어나 제2외국어 실력이 급격하게 상승한데서 기인한 것입니다.

국내에서 정기적으로 발행되는 영자신문은 모두 3종으로 신문가판대에서 구입하거나 정기 구독을 하면 영자 신문에서 요구하는 수준의 글을 파악 할 수 있습니다. 그러나 일반 신문들과 같이 글쓴이의 연령과 수준에 맞추어 글을 받아주기 때문에 다소 글 솜씨나 수준이 부족하다고 해서 포기하지 말고 자신의 주관이 분명한 글을 써보시기 바랍니다.

그리고 영자신문에 대한 투고라고 해서 꼭 시사성이 있는 글만을 요구하는 것이 아닙니다. 의외로 소소한 일상의 일기나 해외의 친구

들과의 교류 등에 대한 편지글같은 소품들도 자주 게재 됩니다. 또한 자기가 좋아하는 분야의 글을 자주 써보면 의외로 실력이 부쩍 느는 것을 발견할 수 있습니다. 그런 현상은 영어나 일본어 등 어학이 도구로 사용되기 때문입니다.

그리고 가장 멋진 프로젝트는 외국 언론사에 글을 보내는 것입니다. 물론 상당한 수준의 글이어야 해외 언론사에서 받아주기는 하지만 논란이 되고 있는 사안의 경우는 주관이 분명하다면 실릴 수 있습니다. 예를 들어서 최근에 논란이 된 김치논쟁이나 독도논쟁들은 한일간의 이슈이기는 하지만 영어권 국가들에서도 상당히 관심을 갖고 있는 이슈이기 때문에 일본측의 의견과 함께 토론의 형식으로 글을 실어주기도 합니다.

이런 이슈가 생기면 우선 함께 활동하는 친구들과 치열한 토론을 거쳐서 집중적으로 투고를 해보시기 바랍니다.

해외언론사의 한국내 지사를 접촉하는 것도 좋습니다. 각 언론사들은 한국 주재 기자나 지국 등을 운영하고 있는 경우가 많으며, 근무자들도 한국인들이거나 한국에 대해서 아주 잘 알고 있는 사람들이기 때문에 이메일이나 전화로 연락을 해보면 도움을 받을 수 있는 경우가 있습니다. 물론 그분들의 경우는 해외근무가 기본적으로 격무에 시달려야 하기 때문에 모두 다 친절하지는 않겠지만 꾸준히 연락을 교류하다보면 기회가 생기게 될 것입니다. 이런 해외언론사의 지국의 경우는 꼭 미국계나 일본계 이외에도 다양한 나라에서 운영하고 있으니 보다 넓은 관점에서 교류를 시도하는 것이 좋습니다.

언론사 관련 프로젝트들은 수직형으로 하여 하나의 생산물로 어려 매체에 활용 할 수 있습니다. 예를 들어 우리고장의 저수지에 오는 철새들의 수가 줄었다는 리포트를 동영상과 문자기사화 하여

1) 학교 방송 아이템으로 활용하고,

2) 지역 방송사에 제공하여 영상뉴스로 사용하고,

3) 지역 신문사에 심층기사를 쓰는 방법으로 활용이 가능합니다.

이런 방법으로 활용하게 되면 한 학교의 학생이 지역 언론을 통해서 상당한 역할을 하는 것이기 때문에 의외로 큰 반향을 일으킬 수도 있습니다.

논문 관련 프로젝트

No. 31
프로젝트
콘셉트

논문 프로젝트

고등학생이 논문을 써본다는 것은 의외로 멋진 경험이 될 것 입니다. 논문이라면 대표적으로 학위논문을 들 수 있는데, 이런 논문은 자기가 연구하거나 주장하는 것을 논리적으로 풀어낸 학문적인 글을 말합니다. 때문에 고등학교 교지에도 종종 논문이 실리기도 합니다.

또한 몇몇 논문 경진대회가 있고, 각 대학에서 진행하는 논문 경진대회가 있습니다. 대표적인 것이 이과쪽에서는 국립과학관에서 주최하는 '과학전람회' 가 있으며 문과쪽까지 아우르는 논문경진대회로 한국교육개발원(KEDI)에서 주최하는 '영재청소년학술대회' 가 있습니다.

　우선 학교 교지에 싣는 것을 전제로 하고 논문 주제를 정해서 작업을 하는 것이 좋습니다. 논문의 작성법은 인터넷 지식검색을 해보거나 서점에서 논문작성에 대한 책을 찾아보면 됩니다. 중요한 것은 논문의 주제인데, 고등학생의 경우는 학생의 눈높이에서 의문을 갖을 수 있는 주제를 선정하는 것이 좋습니다. 대표적인 논문대회인 과학전람회의 경우는 초등학생부터 고등학생들까지 참가할 수 있는데 의외로 신선한 주제를 선정한 초등학생들이 대통령상을 받는 경우가 많이 있습니다. 예를 들어서 초등학교 3학년 과학과정에 있는 '입차례'를 직접 실험으로 증명한 논문이 대통령상을 수상한 것이 바로 자기의 눈높이에 맞는 주제를 잘 선정한 사례입니다. 그러나 이에 비하여 전자현미경을 동원하여 어른의 흉내를 낸 전문적인 논문은 주제를 잘못 선정한 탓으로 큰 관심을 받지 못하는 경우가 많습니다.

　KEDI의 영재청소년학술대회에서는 '길치(길을 잘 찾지 못하는 사람)'에 대해서 연구한 재미있는 논문이 우수논문으로 선정되기도 했습니다. 물론 제대로 된 연구로는 다소 부족하다는 평가를 받았지만 주제가 재미있어서 높은 평가를 받은 것입니다. 이렇게 논문을 써본 학생들은 대학에 가서도 상당히 높은 학업성취도를 보여 줄 수 있습니다. 이것은 논문이 단순히 정답 맞추기와 같은 수능공부나 내신공부와는 달리 창의적인 능력과 꾸준히 하나의 과제에 집중 할 수 있는 능력을 보여 주기 때문에 입학사정관들이 관심을 갖게 됩니다. '카이스트' 와 같은 학교의 경우는 입학사정관에게 학생 본인이 쓴 논문이나 글을 제출하도록 하여 1차로 그 내용을 검토하고, 2차로 학생과 토론을 하는 등의 방법을 사용하기도 합니다.

논문을 쓰기 위해서는 우선 자신이 갖고 있는 생각을 짧은 글로 많이 써보는 것이 중요하고 그 다음으로 주제를 정해서 본격적인 논문을 써보면 좋습니다. 지나치게 완성도에 신경을 쓰지 말고 부담 없이 몇 편을 쓰다 보면 방향을 잡을 수 있습니다.

보다 심화된 학습을 한다고 생각하고 논문 경진대회를 검색해본 뒤 자신에게 맞는 주제를 선택하여 논문을 쓴 뒤 대회에 참가해보는 것을 추천합니다.

입학사정관제 해설과 정보

제 3 부

안개에 싸인 입학사정관제

입학사정관제가 교육계의 화두로 떠오르면서 국민적인 관심이 모아지고 있습니다. 더구나 이명박 대통령도 직접 나서서 대학입시가 전체적으로 입학사정관 형식으로 전환될 것이라고 언급하는가 하면, 대학입시는 물론 고등학교 입시에서도 외고, 국제고와 과학고를 중심으로 입학사정관제 전형이 점차 확대되고 있기 때문에 입학사정관제는 단순히 입시전형 방법 하나가 늘었다는 정도가 아니라 변화하는 입시 환경의 중심으로 생각해야 할 것입니다.

아직까지는 교육현장은 물론 학부모들까지도 입학사정관제라고 하면 단순하게 '특이한 능력을 갖고 있는 학생들중에서 뽑는 전형' 정도로만 이해하고 있는 경우가 많습니다. 더구나 입학사정관제 전형에 지원하려면 유별난 '스펙(활동경력)'을 제시해야 한다는 정보가 퍼지면서 각종 스펙 관리 학원이나 과외가 생겨나고, 일부 학교들에서 학급 임원 선거에서 조차 과열되는 등 제대로 된 시작도 하기 전에 문제점부터 나타나고 있습니다.

대학들이나 정부 당국에서는 입학사정관제에 대하여 아주 간단하게 정의를 내리고 있습니다.

'전문가인 입학사정관의 심도 있는 판단과 분석을 통하여 잠재력과 가능성을 갖고 있는 학생을 선발한다' 는 것입니다. 그리고 그런 가능성과 잠재력은 학생이 학업성적(내신)은 물론 학과 외의 활동들을 통하여 판단 할 수 있다는 것입니다. 그렇다면 학업성적 외의 것은 무엇을 말하는 것 일까요?

최근 각 대학교별로 입학사정관제 전형의 합격사례를 발표하는 것을 보면 '입학사정관제는 학생 스스로 자신이 갖고 있는 능력과 관심, 그리고 열정이 드러나는 활동의 결과를 평가하는 것' 이라고 보면 됩니다. 그런데 아쉽게도 아직은 이 정도의 공식적인 언급 외에는 입학사정관제에 대한 정보가 많이 부족합니다. 아직 몇 종류 되지 않는 입학사정관제 관련 서적은 고3 입시생들을 대상으로 하여 입학사정관제에 대한 기본적인 개념과 3년간 학생의 학생부자료 등을 입시사정관에게 어떻게 하면 잘 정리해서 제출할 수 있는가와 면접에 대비하는 방법등에 대하여 정리한 것이 대부분입니다.

이렇듯 현재 시중에 나와있는 정보들은 대개는 추상적인 당위론과 명제 또는 지극히 지엽적이고 실무적인 지원 방법만 있고 실제로 학생들이 입학사정관제를 대비해서 활용할 수 있는 실질적인 정보

입학사정관제에 대하여 언급하는 이명박 대통령

는 찾기가 참으로 어렵습니다. 이렇다 보니 앞서 언급한 것처럼 입학사정관제를 대비한다면서 고액의 컨설팅이 등장하고 초등학교 때부터 스펙 관리라는 희한한 준비법이 마치 정설인양 부풀려지고 있는 것입니다.

이해찬식 입시제도와 입학사정관제

과거 이해찬 교육부총리 시절에 '하나만 잘해도 대학 간다' 는 것을 교육 정책의 중요한 화두로 설정했던 일이 있습니다. 그러나 그런 계획도 실제 교육과 입시의 현장에서는 거의 영향을 미치지 못하고 오히려 교육 현장에 혼란만 부추겼다는 것을 기억하고 있습니다. 당시 이총리의 목표를 나름대로 정리해보면 지금의 입학사정관제와 크게 다르지 않는 구조였으나 실제로는 국어, 영어, 수학 등 주요 과목 중에서 '한 가지 과목만 잘해도 대학에 합격할 수 있다' 는 것으로 이해하는 바람에 일이 꼬이고 만 것입니다.

그렇다면 지금의 입학사정관제는 무엇이 다를까요?

정부의 발표와 각 대학들의 입학사정관제 입시 결과, 그리고 앞으로의 계획 등을 살펴보면 이 둘은 분명히 차이가 있습니다. 현 정부에서 적극적으로 추진하려는 입학사정관제는 단순히 '한 과목 점수’ 라도 좋으면 대학을 갈 수 있다는 것이 아니라 자신의 적성에 맞는 분야에서 창의적이고 리더십 있는 활동을 했고 또한 그 활동의 결과물을 만들었느냐를 검토를 한다는 것입니다.

‘나는 영어를 잘하고 좋아한다’ 라는 정도의 개인적인 특기나, 텝스, 토플 등과 같은 어학 시험점수만 우수하면 대학에서 뽑아준다는 것이 아니라, 그 영어 실력으로 지역아동센터에서 어린이들에게 영어를 가르쳐준다거나 방학 때 오지, 낙도의 어린이들을 찾아가는 자원봉사활동을 높이 평가해준다는것 입니다. 이렇게 자신이 갖고 있는 재능을 이웃을 위하여 사용 할 수 있는 학생은 대학에 가서도 전공에 대해서 열정을 갖고 노력을 할 것이고, 졸업 후 사회에 나가서도 성공할 가능성이 무척 높을 것으로 판단한다는 말입니다. 이것은 대학들도 학생이 사회에 진출해서 성공할 수 있는 인재를 길러낼 책임이 있기 때문에 단순히 문제풀이에만 능한 학생 보다는 진취적이고 적극적으로 사회에서 자기 몫을 다할 수 있는 인재를 찾는다는 말입니다. 그렇다면 분명히 이해찬 부총리의 한가지만 잘해도 대학에 간다는 것과는 확실히 달라진, 한 단계 업그레이드 된 대학 입학전형이 바로 입학사정관제라고 할 수 있습니다.

공정성과 평가기준의 문제

입학사정관제를 실시하는 데 있어서 가장 큰 논란이 되고 있는 부분이 바로 공정성의 문제입니다. 지난 수년간의 경우는 워낙 입학사정관제로 학생을 선발한 인원이 적었기 때문에 그리 문제가 두드러지지 않았지만 앞으로 선발인원이 확대되면서 수많은 학생활동의 사례들이 제시될 것이고, 그런 활동들에 대한 평가에 의문을 갖는 학생이나 학부모들이 있을 수 있습니다. 조금 다른 사례이기는 하지만 지난 2009학년도 대학입시에서 고려대학교의 수시 모집과 관련하여 고교등급제의 적용여부를 놓고 소송이 진행된 사례를 생각하면 입학사정관제가 확대되면서 벌어질 수 있는 상황을 조금은 이해할 수 있을 것입니다. 사실 아무리 훌륭한 제도라고 해도 시행 초기의 혼선은 거의 필연적이라고 할 수 있습니다. 때문에 앞으로 2~3년 사이에 이런저런 일들이 있을 것이고 거기에 맞추어 국가적 차원에서도 입학사정관 제도의 문제점들을 차츰 정리할 것입니다.

이런 입학사정관제의 큰 틀을 이루는 기본 원칙은 바로 '누구나 인정 할 수 있는 형평성과 공정성' 입니다. 그렇다면 평가를 위한 기준이 있어야 될 텐데 모든 대학과 학과에 적용 될 수 있는 기준을 설정 할 수 없다는 것이 가장 큰 어려움입니다. 입학사정관제는 학생 개개인마다 다른 모습의 성과물들을 통해서 장래의 가능성을 평가하는 동시에 각 대학교에서 원하는 인재상에 맞는 학생을 선발하는 것이기 때문에 뭐라고 딱 꼬집어서 모두에게 적용할 수 있는 기준을 설정할 수 없습니다. 각 대학에서 원하는 인재를 선발해야 하는데 그것을 일괄적으로 국가에서 이렇게 하라 저렇게 하라는 규정을 만들어 낼 수 없는 것은 당연한 일입니다.

또한 입학사정관제의 평가 기준이 수능 점수나 등급과 같이 구체적이고 산술적으로 제시된다면 입시를 준비하는 학생들의 입장에서는 오히려 더 어려운 상황이 될 수 있습니다. 왜냐하면 제시된 기준을 능가하는 실적을 만들거나 최소한 그 기준을 충족시키려는 노력을 공통적으로 할 것이고, 그 결과는 제시된 기준에 맞춘 천편일률적인 성과물일 것이기 때문입니다. 학생들의 다양한 개성과 특기를 개발한다는 취지가 무색해지고 말 것입니다.

예를 들어서 '봉사활동' 이라는 입학사정관 평가 항목에서 기준을 세분화해서 국내대도시 지역에서 봉사활동을 하면 +2점, 국내 오지에서 하면 +5점, 동남아시아에서 한 봉사활동은 +7점 등으로 기준을 정한다면 다들 동남아시아지역으로 나갈 것이고, 봉사기간도 1년 이상 +2점, 3년 이상 +5점 등으로 한다면 또한 그 기간을 맞추기 위해서 입시생들이 몽땅 다 기간에만 열중할 것입니다. 외국어 특기를 평가하기 위해서 토플 몇 점이면 가산점 몇 점으로 기준이 정해지면 당연히 그 점수만을 위해서 공부를 하게 될 것입니다. 그러나 이런 것은 입학사정관제의 가장 기본이 되는 개인의 능동적인 열정과 역량이 아니라 학교 교과과정처럼 미리 짜여진 과업에 대한 성취도를 평가하는 기존의 입시전형제도와 동일한 것이기 때문에 그렇게 진행 되어서는 안됩니다. 앞서 언급한 고려대학교 수시모집의 논란은 기준이 설정되어 있는 전형에서 입시의 결과가 평가기준에 어긋나는 것이 아닌가 라는 의문이 증폭되어 문제가 된 것입니다.

오는 2012학년도까지는 입학사정관제가 상당히 혼란스러울 수 있습니다. 그러나 혼란스러움이 오히려 초기에는 학생들에게 기회가 될 수 있습니다. 틈새가 된다는 것입니다. 이런 때를 놓치지 말고 적극적으로 입학사정관제를 활용해야 할 것입니다.

입학사정관제 선도대학인 서울대학교

입학생 전원을 입학사정관 방식으로 뽑는 KAIST

자신이 하고 싶은 것을 마음껏 펼쳐라!

입학사정관제는 자신이 관심을 갖고 있으며 또한 잘할 수 있는 활동의 결과물들을 통해서 자신의 창의적인 능력을 입학사정관에게 보여 주면 됩니다. 일례로 초등학교 때부터 꾸준히 방송반 활동을 했고 각종 방송 관련 대회에서 수상한 실적이 있는 학생이 신문방송학과에 지원을 한다거나, 글쓰기를 좋아해서 학교 문예반 활동을 하면서 '청소년 문예대회' 등에서 입상을 하고 국어국문학과에 지원을 할 경우, 또한 전기 기구를 잘 다뤄서 이것 저것 만들기를 좋아하는 학생이 가정에서 전기를 아낄 수 있는 기기를 개발해서 특허를 받았는데 이 학생이 전기공학과에 진학해서 공부를 한다면 더욱 크게 능력을 키울 수 있지 않겠습니까? 물론 꼭 이렇게 번듯한 성과물은 아니더라도 성실하게 고등학교 시절을 보낸 성과물이라면 입학사정관을 감동시킬 수 있을 것입니다.

　대학은 단순히 실무적인 기술만을 익히는 교육기관이 아니라 학문으로서의 전문분야를 공부를 하는 곳이기 때문에 학문적인 학습과 연구를 할 수 있는 소양도 갖추고 있는가도 증명해야 합니다. 그래서 고등학교 내신성적도 아주 중요합니다. 그렇다고는 해도 내신 수준이 꼭 높아야만 되는 것은 아닙니다. 내신이나 수능만으로 대학에 합격하려는 학생들보다는 다소 낮은 내신성적이라도 입학사정관제를 통해서는 합격이 가능하다는 말입니다.

　당연하지 않습니까? 자신이 집중하는 분야가 있는데 학교 시험준비에만 100%를 투자 할 수는 없다는 것을 입학사정관들도 잘 알고 있습니다. 또한 비슷한 수준의 내신 성적을 갖고 있는 학생들이라면 자신의 프로젝트 성과물을 갖고 있는 학생이 더욱 우수한 인재감 이라고 판 단 할 수 있을 것입니다. 결과적으로 입학사정관제를 대비하기 위하여 학생들은 학교 공부 이외에 자신의 적성에 맞게 활발한 활동을 하는 것이 중요합니다. 신나게 하면 됩니다.

　그렇다면 왜 학교 내신성적과 함께 개인의 활동에 비중을 두는 판단을 하는 것일까요? 그것은 바로 창의적이고 능동적인 인재를 찾고 있기 때문입니다. 우리나라 교육의 가장 큰 문제점 중에 하나가 바로 수동성입니다. 이미 다 만들어져 있는 커리큘럼과 평가 방법에 대해서 거의 기계적으로 정답만을 가려내는 훈련만을 반복적으로 해 본 학생들이 복잡하기만 한 사회에 적응하려면 엄청난 시행착오를 거쳐야 합니다.

　이런 점은 그 동안 대학에 합격한 학생들을 대상으로 입학성적, 대학 학부 시절의 성적과 졸업 후의 성과를 상호 비교한 여러 연구를 통해서 알려져 있는 것과 같습니다. 꼭 입학 성적이 졸업성적과 비례해서 연결되지는 않더라는 것입니다. 오히려 사회적인 성취도는 고등학교 때까지의 학업 성적이나 입학성적은 다소 낮더라도 주도적인 자기관리와 학습, 활동을 한 학생들의 결과가 더 좋았기 때문입니다. 그래서 대학들은 입학사정관들을 통해서 그런 학생들을 찾고 있는 것입니다.

　그런데 여기서 주의해야 될 부분이 있습니다. 이런 여러 가지 활동은 분명히 학생의 자율적인 활동이어야만 한다는 것입니다. 마치 비싼 과외나 학원을 보내는 것처럼 학부모가 돈을 들여서 모든 것을 다 준비해 놓고, 학생은 단지 준비된 자리에 놓인 꽃과 같은 모습이 된다면 그런 것은 확실한 탈락의 대상이 될 것입니다. 입학사정관 전형을 담당하고 있는 전문가들은 학생 스스로가 적극적으로 활동해서 만들어진 결과물과 주변의 도움을 받아서 만들어진 결과물을 어렵지 않게 가려낼 수 있습니다.

멋진 과정을 만들면
가산점도 두둑해진다

자신이 좋아하고 잘 할 수 있는 프로젝트를 꾸준히 진행해보라고 하면 많은 학생들이 걱정을 합니다. 예를 들어 신춘문예나 문예지 등단과 같은 경우는 1년에 겨우 몇 십 명이 등단하는 수준이고, 그것도 40~50대까지 수많은 작가 지망생들이 몰리는 것이라 정말 어렵습니다. 게다가 요즘 강남지역을 중심으로 사교육이 활성화된 지역에서 벌어지는 컨설턴트들의 말을 들어보면 해외봉사와 같은 거창한 프로그램들이 한둘이 아닙니다. 그렇다 보니 학생이 스스로 지역의 봉사기관을 찾아서 하는 작은 봉사활동은 참으로 부족하게만 보입니다.

그렇지만 부유한 집안에서 수백만 원의 비용을 부담해서 비행기 타고 해외에 나가서 몇 박 며칠을 삽질 하고 왔다고 '와~ 대단한 봉사활동을 했다~' 라고 평가하고, 동네 경로당을 수년간 꾸준히 다니면서 청소도 해드리고 말동무도 한 학생은 보잘 것 없는 활동을 한 것으로 평가 할 입학사정관이 과연 있을까요? 중요한 것은 활동의 결과라기보다는 과정의 진정성과 노력을 평가한다는 말입니다.

　학생이라면 완성된 인재가 아닙니다. 기업체의 신입사원들처럼 당장 현장에 투입해서 성과물을 만들어내야 하는 대상이 아니라 이제 본격적인 교육과 훈련을 시작해야 하는 인재를 찾는 것이 대학 입학사정관들의 업무입니다. 때문에 결과물도 좋지만 정작 제일 중요한 것은 목표나 과제를 설정하고 적극적으로 해결하려는 창의적인 아이디어와 끈기, 추진력입니다. 입학사정관제를 하는 가장 큰 이유 중 한가지가 바로 창의적이고 능동적인 문제의 해결 능력을 지닌 인재를 찾는 것입니다.

　입학사정관제는 이렇듯 과정을 중요시 하기 때문에 짧은 기간 동안 비법을 쓴다고 해서 해결 될 수 없기에 고입의 경우는 초등학교 6학년이나 중학교 1학년 때부터, 대입이라면 최소한 고등학교 1학년 때부터는 착실하게 준비를 시작해야 할 것입니다. 그리고 지금 고2 이상의 학생이라면 새로운 프로젝트를 시작하기 보다는 그 동안 진행해온 활동을 들을 끈기 있게 잘 마무리 하는 것이 좋을 것입니다. 물론 이런 준비가 마치 입시만을 위한 것이라고 하면 정말 암담하지만 자기가 좋아하는 프로젝트를 진행하면서 성취감과 보람도 찾고, 대학입시에 직접적인 도움이 된다면 정말 기분 좋은 일이겠지요?

236

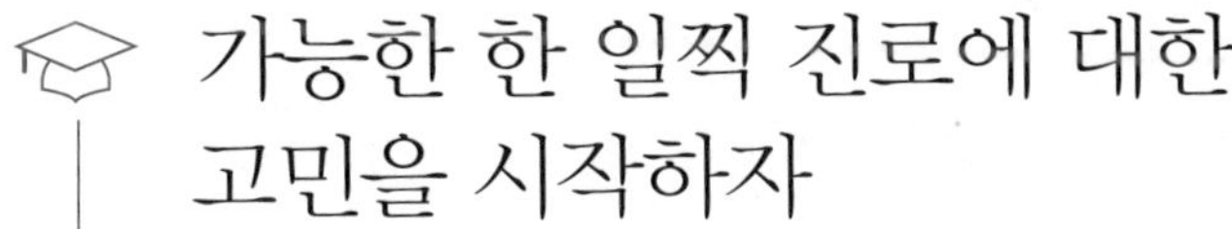

가능한 한 일찍 진로에 대한 고민을 시작하자

　　입학사정관제에서 요구하는 인재상은 멀티플레이어가 아닙니다. 이곳저곳을 기웃거리면서 여러 활동을 하면 자신의 특장점을 제대로 만들어내기 어렵습니다. 자신의 특화된 역량을 확실하게 구체화하지 못한다면 아예 하지 않느니만 못합니다. 학교 내신 성적도 적당하고, 운동도 좀 하고, 그림도 그리고, 악기도 다루고, 글도 쓰고… 이렇게 적당히 '다재다능' 한 학생을 대학의 입학사정관들이 선호할까요? 글쎄요… 꼭 100%라고 단정하기는 어렵지만 현실적으로 슈퍼맨인 학생은 극소수에 불과하기 때문에 이것저것 조금씩 할 줄 아는, 적당히 다재다능한 학생보다는 한 가지라도 자신이 갖고 있는 장점을 본인 스스로가 극대화 할 수 있는 능력을 갖고 있는 학생에게 입학사정관은 더 관심을 줄 것입니다. 전자의 적당히(?) 다재다능한 학생들은 그냥 내신성적과 수능점수로 선발을 하는 정시모집에 집중하면 됩니다.

어쨌거나 이와 같은 모습을 보이려면 미리 자신의 진로에 대해서 진지한 고민과 결정을 해야 합니다. 학생 때는 무한한 가능성의 시절이기 때문에 자신의 진로를 결정하는데 어려움이 있을 수 있습니다. 그렇지만 자신이 관심을 갖게 되는 분야에 대하서 진지한 고민을 해본다는 것은 그 자체만으로도 정말 의미가 큽니다. 그리고 그런 자신의 목표를 향해서 최선을 다해서 끈기를 갖고 노력을 하는 모습이야 말로 대학에서 바라는 학생상이라고 할 수 있습니다. 학생이 스스로 결정하기 어려운 것이 진로일 것입니다. 그 동안에는 일방적으로 학교에서 짜놓은 학과 커리큘럼을 따라가기만 하면 되었는데 갑자기 자율적으로 자신의 앞날을 설계해서 나아가라고 하면 적지 않게 힘들 것입니다. 이럴 때 부모님이나 선생님들의 도움을 받는 것이 좋습니다. 그래서 오랜 의논과 검토를 거쳐서 진로의 방향을 정하고 그 목표를 향해서 나아가는 것입니다.

우리는 학생들이 자신의 진로와 적성을 판단 할 때 너무 많은 것을 생각하지 말 것을 권합니다. 그리고 적성에 대한 판단을 위한 자료는 학교성적과 학교에서 공식적으로 진행하는 적성검사정도면 충분하다고 봅니다. 물론 판단을 위한 자료가 많으면 많을수록 좋겠지만 그런 자료들에 너무 신경을 쓰다 보면 정작 스스로가 좋아하는 분야를 놓칠 수 있기 때문입니다. 그리고 진짜 자신이 좋아하는 일을 해보기 전에는 어느 것이 자신에게 가장 잘 맞는지 알 수가 없습니다. 때문에 가능한대로 다양한 경험을 미리미리 해보라고 권하고 싶습니다. 또한 자신이 좋아하는 것이 생겼다면 자연스럽게 관련되는 과목의 수업에도 신경을 써 보시기 바랍니다. 예를 들어서 글쓰기는 좋아하는데 국어 과목이 너무 힘들고 싫다면 뭔가 잘못된 선택일 수 있습니다. 물론 의도적으로 관심을 갖는다고 갑자기 좋아질 수는 없지만 그래도 자기가 좋아하는 분야가 되면 자연스럽게 관심을 더 갖게 되고 그냥 흘려 넘길 일들도 꼼꼼하게 관심을 갖기 마련입니다. 때문에 관심이 있는 분야와 관련 과목은 어느 정도 연결되기 마련입니다.

글쓰기에 소질이 있다면 일단 국어등 언어과목의 점수가 특별하게 잘 관리 될 것입니다(물론, '관리'란 다른 과목들 보다 상대적으로 더 열심히 공부한다는 말입니다). 입학사정관제의 특성상 국어, 영어, 수학, 과학 성적이 모두 2~3등급 내외로 비슷한 것보다는 국어와 영어는 1등급이고 수학이나 과학은 2~3등급을 정도인 것이 바람직합니다. 물론 앞서 언급한 것과 같이 특별히 관리를 해서 그런 성적이 나온다기 보다는 자연스러운 결과이겠지요. 그 대신 수 년 동안 쓴 글을 모아서 책으로 엮어본다던가 하는 비교과 실적을 함께 준비하는 것이 필요합니다. 물론 꼭 공식적인 글쓰기 실적은 아니지만 초, 중학교 때부터 지속적으로 개설 운영해오는 개인 글쓰기와 관련된 블로그나 카페, 교내외 동호회 활동도 입학사정관이 학생의 열정과 그간의 발전 과정을 잘 알 수 있는 자료로 훌륭할 것입니다.

　이 정도로 글쓰기에 관심을 갖고 꾸준히 노력한다면 학교 내 수상 실적은 당연히 상당한 갯수일 것이고, 또한 지역단위 대회의 수상 실적도 있는 것이 당연합니다. 만일 그렇게 관심을 갖고 노력을 했는데도 관련 수상 실적이 잘 만들어지지 않는다면 자신이 설정한 특기 분야에 대한 진지한 재검토를 해야 할 것입니다.

　이렇듯 미리미리 자신의 진로에 대한 고민을 해보고 동시에 자신이 정말 좋아하는 분야에 관심을 갖고 다양한 활동을 해보는 것이 아주 중요합니다. 그리고 이렇게 그 중요성을 강조하지 않더라도 자기가 좋아하는 일을 마음껏 할 수 있는데 얼마나 즐겁겠습니까? 즐겁게 대학입시 준비를 할 수 있는 입학사정관제가 정말 신나지 않습니까?

🎓 자신감으로 돌파하는 면접과 토론

대부분의 대학에서 입학사정관제 전형은 다음과 같은 순서로 전형이 진행됩니다.

> ① 서류심사 지원자격, 학생부, 자기소개서 및 추천서, 학생의교육·가정환경 및 고교의 여건,대학 건학 이념 또는 학과 특성에 부합여부 등에 대한 심사를 거쳐서 일정 수의 학생을 선발
> ② 심층면접·토론 사고력, 적성 및 역량, 표현력, 잠재력, 미래성장 가능성, 전공적응 가능성, 창의성, 인성, 흥미, 태도, 특기등을 파악하기 위하여 실시

서류심사에서는 기본적인 서류 준비상황에서부터 학교 내신 성적과 비교과상의 활동내용 등을 평가하게 됩니다. 이후에 면접과 토론 과정을 거치면서 서류 내용의 진정성과 학생의 열정 등에 대해서 평

가하게 됩니다.

당연히 1차 전형을 통과하려면 상당한 수준의 교과 외 프로젝트나 활동에 대한 실적이 필요합니다. 그러나 크게 걱정할 부분은 아닙니다. 경쟁률이 수십 대 1이라고 해도 입학사정관제에 진심을 갖고 최선을 다해서 오랫동안 준비한 학생들의 수는 전체 경쟁자수에 비해서 많지 않습니다. 그리고 대부분의 수험생들이 다수의 학교에 중복 지원을 하고 있기 때문에 실질 경쟁률은 더욱 떨어지기 마련이고, 자신과 잘 맞는 학교나 학과가 아닌 경우도 역시 상당수이기 때문에 열심히 준비를 했다면 크게 걱정을 하지 않아도 될 것입니다.

서류제출을 하면서 우리가 관심을 가져야 할 부분은 심층면접과 토론입니다. 서류전형을 통해서 개인의 능력은 보여줄 수 있지만 열정은 제대로 보여 주기 어렵습니다. 입학사정관제에서 면접과 토론을 하는 이유는 학생의 열정을 확인하려는 것과 제출된 결과물들에 대해서 진실성을 확인하려는 것입니다.

그러나 면접과 토론에 대비해서 많은 것을 준비 할 필요는 없습니다. 꼭 말을 잘하거나 발표력이 좋아야만 하는 것은 아닙니다. 입학사정관제가 아나운서나 개그맨을 뽑는 시험은 아니기 때문에 언변에 지나치게 신경을 쓸 필요는 없다는 말입니다. 뛰어난 학문적 업적이나 사회적 성공을 이루어 낸 사람들 중에서 적지 않은 사람들이 어눌하거나 내성적인 사람들입니다. 그러나 그런 사람들도 자신들이 열정과 마음을 다해서 집중한 일에는 자신감이 넘치는 모습을 보여줍니다. 그런 모습은 자신의 일에 최선을 다한 사람들에게만 허락된 축복이겠지요. 여러분들도 마찬가지입니다. 내성적이거나 부끄러움을 많이 탄다고 해서 주눅들 것이 없습니다. 평소에 자신이 하던 일을 좋아하고 자신감을 갖고 있던 학생에게 그 일에 대해서 설명하라고 한다고 하면 얼마나 신이 나서 잘 설명을 할까요? 그런 모습이 바로 열정의 모습입니다. 꼭 유창하게 달변의 모습을 보일 필요는 없습니다. 그저 어눌하더라도 자신에게 확신과 긍지가 있는 사람이라면 그 열정이 능히 입을 열어 줄 것입니다.

단지 입학사정관제에서도 특기자 전형과 유사한 전공분야의 구술면접을 한다면 그에 맞는 준비를 해야 하겠지만 순수 입학사정관제를 노린다면 큰 걱정은 하지 않아도 될 것입니다. 다만 자신이 갖고 있는 것을 잘 드러내기 위해서는 면접이나 토론 준비를 어느 정도까지 해야겠지만 그 정도라면 대부분의 학교에서 진행하고 있는 토론이나 면접 프로그램에 참여하면 충분하고, 관련 서적을 한 권 정도 읽어본 뒤에 집에서 가족들과 함께 리허설 한 두 번 정도로 마무리하시면 됩니다.

여러분들에게 가장 필요한 것은 '자신을 믿으라' 는 것입니다. 스스로를 믿고, 자신감을 갖고 토론과 면접에 임하는 것이 가장 좋은 면접, 토론 스킬입니다.

대학과 궁합을 맞춰라

입학사정관제를 돌파하기 위해서 가장 먼저 해야 할 일은 자신의 적성과 특기를 찾아보는 것입니다. 그 다음으로는 자신의 특기나 적성을 인정해 줄 대학과 학과를 찾는 일입니다. 그런데 아주 다행스럽게도(?) 우리나라 대학들은 대개 비슷한 학과체계를 갖고 있습니다. 때문에 한 대학에 맞는 특기적성 활동을 생각하고 있다면 유사한 다른 대학에서도 명칭은 다르더라도 비슷한 전형을 갖고 있을 수가 있습니다. 우선 두 학교의 입학사정관제를 살펴보겠습니다.

성균관대학교의 입학사정관제

다음은 성균관대학교에서 설명하는 입학사정관제 입니다.

입학사정관전형은 대학 특성에 맞는 학생을 선발하는 것입니다. 따라서 본인이 가진 자질과 재능, 적성에 맞는 대학과 전형을 찾는 것이 가장 중요합니다. 대학과 전형에 따라 리더십을 중시할 수도, 봉사가 중요할 수도, 전공에 대한 열의가 우선일 수도 있습니다. 입학사정관전형은 대부분 학업성적 이외에 다양한 비교과 활동을 중요한 평가요소로 여기고 있습니다. 따라서 자신의 매력을 보여줄 수 있는 여러 가지 활동 내역 및 입증 자료들을 체계적으로 정리해 놓는 것이 중요합니다. 이 때 중요한 것은 양이 아니라 얼마나 적극적이고, 열정적이며, 자기주도적으로 활동하였는지의 여부입니다.

이 대학의 2010학년도 입학사정관 전형은 다음과 같습니다.

〈리더십전형 80명〉

지원자격 2008년 2월 이후 고교 졸업(예정)자로서 총학생회장, 부총학생회장, 학년장, 학급회장을 2개 학기이상 역임(예정)한 자로서 출신고교장의 추천을 받은 자.

평가방법 학생부 비교과영역(수상실적, 특별활동, 봉사활동 등)과 리더십 관련 실적 입증자료, 특별전형 활동기록보고서와 학교장추천서 기술 내용을 고려하여 종합적으로 평가

이렇듯 아직 초기단계인 입학사정관제는 모집인원 자체가 무척
적습니다. 그리고 비교적 내신성적의 중요도가 떨어진다고 인식되
어 있기 때문에 경쟁률도 무척이나 높지요. 이 대학 입학사정관의
이야기를 들어봅니다.

우리는 이분의 글을 읽으면서 참된 감동을 느꼈습니다. 학창시절에 교과서와 문제집이 아닌 어딘가에 정열을 쏟을 수 있었다는 것은 얼마나 큰 축복이고 감동입니까? 성균관대학교는 바로 이런 인재를 요구하고 있다는 것입니다. 또 한 가지 더 입학사정관제에 대한 팁을 얻어봅시다. 소설을 출판하는 등 글쓰기가 특기인 학생이 경영학을 전공하고 싶다는 질문에 대한 답입니다.

우리대학은 身言書判(신언서판)의 능력을 갖춘 인재를 선호합니다. 백일장에 입상할 수 있는 능력이나 소설책을 출판할 수 있는 능력은 누구에게나 있는 것은 아닙니다. 실제로 많은 문학 특기자들이 인문계열 자기추천자에 합격하고 있습니다. 단, 서류평가 시에는 전공 적합성도 중요한 평가요소입니다. 따라서 자신이 지닌 능력과 자질, 잠재력이 지원하려는 경영학계열과 어떠한 연관성이 있는지를 에세이나 포트폴리오, 인터뷰를 통해 설득력 있게 표현하여야 합니다.

성균관대학교는 1398년에 설립된 조선시대의 '성균관'을 그 뿌리로 하고 있습니다. 그래서 요구하는 인재상도 우리나라의 전통적인 인재상인 '身言書判(신언서판)'입니다. '몸가짐과 말씀씀이 그리고 글쓰기와 예리한 판단력을 지닌 인재'가 우리나라의 전통적인 인재상입니다. 그렇기 때문에 성균관대학의 입학사정관들에게 자신의 능력과 노력의 결과들이 자신이 원하는 학과의 공부와 어떻게 연결될 수 있을지에 대해서 이런 '신언서판'의 기준에 입각해서 잘 설득하면 좋은 결과를 얻을 수 있다는 말입니다. 이렇듯 입학사정관제는 시험문제풀이 1등만을 원하지 않습니다. 열정과 적성을 가장 우선적으로 합니다. 물론 그렇다고는 해도 대학은 최고의 지성인을 교육하는 곳이기 때문에 대학에서 공부 할 수 있을 정도의 학업 능력을 당연히 요구합니다. 그래서 수능 최저학력기준이나 내신 최저학력기준은 기본적으로 필요조건이기도 합니다.

중앙대학교의 입학사정관제

중앙대학교는 입학사정관이 전적으로 입학사정을 하는 전형과 입학사정관이 전형 절차에 일정부분 참여를 하는 두 가지의 입학사정관제를 운영하고 있습니다.

중앙대학교가 입학사정관전형에서 뽑고자 하는 학생들은 '창의적인 융합형 인재'로 어느 한 쪽 분야로 치우치지 않은 균형 잡힌 인재입니다. 본교는 이 같은 인재를 뽑기 위해 '펜타곤형 인재 선발' 방식을 개발하여 적용하고 있습니다. 펜타곤형 인재 선발이란 학력만으로 선발하는 기존의 전형방법에서 벗어나 학업 수학 능력, 국제화 능력, 리더십, 문제해결능력(난관 극복 의지), 봉사·특별 활동 등 5개 분야를 균형 있게 반영하는 인재 선발 방식을 뜻합니다. 특별히 지표 5개의 성적이 고루 좋을 경우 정오각형 모양이 된다고 해서 '펜타곤형 인재선발'로 불리고 있습니다.

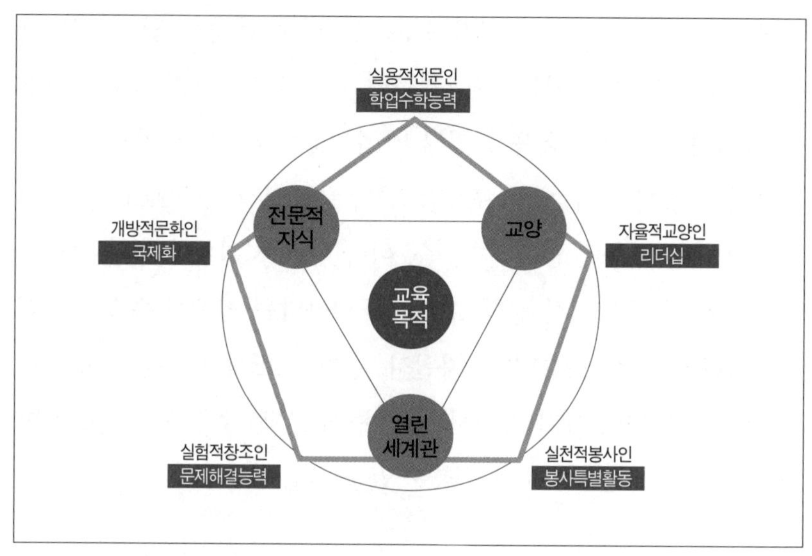

중앙대의 경우는 다빈치전형으로 120명과 지역인재전형 33명을 순수입학사정관제 전형으로 하고 있으며 입학전형관이 참여하는 전형으로 1,136명을 모집하고 있으며 다음과 같은 기준으로 입학사정관제를 운용하고 있습니다.

1단계 서류 심사 : 학교생활기록부, 지원서, 추천서 및 학생이 직접 준비한 선택 서류 등을 심사합니다. 학교생활기록부는 단순히 성적을 보고자 하는 것이 아니라 학생에 대한 담임선생님 또는 교과목 선생님의 평가, 학생 본인의 취미, 장래 희망부터 수상 내역, 봉사활동 등까지 세세한 내용들 모두 심사 대상이 됩니다. 교과 성적 또한 중요한 자료로 사용 되므로 일정 수준 이상의 학업 능력 없이 특별 활동만으로 지원할 수 있는전형은 아닙니다. 선택 서류의 경우는 학생이 자신이 활동한 내용을 증명해 낼 수 있는 서류로서 자신의 성장 가능성을 보여 줄 수 있는 포트폴리오, 수상실적, 연구보고서 등 그 내용에 대한 제한은 없습니다. 즉, 이 전형은 지원자가 직접 자신의 능력을 보여 주기 위한 전형 요소를 구성한다는 점에서 수요자 중심 전형이라고 할 수 있습니다. 지원서 및 자기 소개서는 원서 접수 시에 작성하게 되며 자기 소개서는 큰 주제(문제) 4~5가지 정도로 학생이 직접 온라인상에서 작성할 수 있습니다.

2단계 면접 심사 : 지원자 수준별, 계열별 차별화된 면접으로 진행되며 단순한 인성 질문이나 학업 능력을 묻는 질문 보다는 학생이 작성한 서류의 진위 여부를 확인하고 지원한 학과의 준비 정도 및 전공에 대한 열정 등을 평가 할 수 있는 면접으로 진행됩니다.

학교명	기준 인간형	내용
성균관대학교	신언서판 인재	교양인, 전문인, 리더
중앙대학교	펜타곤형 인재	교양인, 전문인, 봉사인, 창조인, 실용인

위의 두 학교는 대표적인 사립 명문 대학교입니다. 그리고 입학사정관제를 통한 학생선발의 취지나 방법에서 크게 다르지 않습니다.

성균관대학교는 신언서판의 인재를 기준으로 하고 있으며, 중앙대학교는 펜타곤형 인재를 기준으로 삼고 있습니다.

이런 기준은 다른 학교들도 대동소이 하다고 보면 크게 틀리지 않습니다. 거의 대부분의 대학에서 리더십을 지니고 전문적인 소양을 갖춘 봉사하는 인재를 원하고 있다는 점이 입학사정관제가 요구하는 인재의 모습입니다. 이 내용으로만 보면 거의 완벽한 인간이네요. 그렇지만 다른 면에서 보면 일단 입학전형관제를 준비하는 방법이 크게 복잡하지 않다는 것을 알 수 있습니다.

어떤 학생들에게 입학사정관제가 적당할까?

입학사정관제는 현재의 우리나라 입시제도 하에서 대단히 특이한 형태의 입시제도라고 할 수 있습니다. 때문에 모든 학생들에게 공통적으로 적용되는 입시 제도로 정착되기까지는 상당히 많은 시간이 필요 할 것입니다. 특히 입학사정관제가 전면적으로 적용되기 위해서는 학교에서 개별 학생들에 대한 구체적인 관리가 필요하기 때문에 지금의 학교 시스템 내에서는 거의 불가능하다고 할 수 있습니다. 그렇기 때문에 몇 차례의 시행착오를 거쳐서 입학사정관제가 안정화된 단계에 접어들 때 까지는 입학사정관제의 취지에 맞는 능력과 관심이 있는 학생들에게 주로 유효한 입시제도라고 할 수 있습니다.

포괄적으로 입학사정관제에 도전이 가능한 학생들의 유형을 분류해 보면 다음과 같습니다.

1. 자신만의 특기나 장기가 있는 학생

2. 사회적인 이슈에 관심이 많은 학생

3. 활동적이고 리더십이 있는 학생

4. 아이디어와 기획력이 있는 학생

5. 타인과의 교류에 관심이 많은 학생

6. 가족이나 집안이 특정한 분야에서 능력을 갖고 있는 학생

7. 가족 간에 공통적인 관심 분야가 있어서 함께 활동을 하고 있는 학생

이렇게 정리해보면 재주가 없는 학생은 입학사정관제를 활용하기 어려울 것 같습니다만, 한편으로는 입학사정관제를 통해서 학생 자신이 갖고 있는 특기 적성이 길러질 수 있다는 말도 됩니다. 그 동안에는 학생들이 자신이 좋아하는 활동을 한다는 것은 금기에 가까웠습니다. 학생이 어떤 생각을 갖고 있다고 하더라도 부모님이나 선생님들의 대답은 한결 같았습니다.

"대학에 가면 다 할 수 있다. 우선 대학에 갈 수 있도록 공부하자. 문제를 풀자…"

그러나 이제는 자신이 좋아하는 활동을 하여야 대학에 갈 수 있는 시절이 된 것입니다. 이렇게 되면 의외로 학생들의 다양한 능력이 드러나게 될 것입니다. 그리고 중요한 것은 학교나 주위에서 이런 활동을 통해서 성공한 사례가 만들어지면 금새 불길이 확 타오르듯

이 활발하게 진행 될 것이라는 점입니다.

'가족과의 소통'은 입학사정관제를 돌파 할 수 있는 무기

앞서 제시된 몇 가지 유형의 학생들을 생각해보면 크게 두 가지 관점으로 기준을 모을 수 있습니다. 한가지는 '학생 개인이 특정한 능력이나 관심, 취미 등을 갖고 있는 경우' 와 '가족이나 집안에서 공통되는 관심이나 능력이 있는 경우' 로 나뉠 수 있습니다. 전자의 경우는 너무나도 당연한 것이지만 후자의 경우는 다소 논란의 여지가 있습니다. 혹시라도 가족의 능력이나 경제력 등 가정환경으로 인해 입학사정관제의 수혜를 볼 수도 있지 않겠는가 라는 것입니다. 그러나 꼭 그렇게만 볼 것은 아닙니다.

예를 들어서 온 가족이 어려서부터 여행을 좋아하는 경우에 자주 여행을 다니면서 여행을 다닐 때마다 여행기를 꾸준히 쓰고, 또 여행의 테마를 잡아서 책을 쓰고 봉사활동도 했다면 아주 훌륭한 포트폴리오가 만들어 질 수 있겠지요. 이 사례는 최근 입학사정관제를 시행한 몇몇 대학교에서 실제로 합격사례로 발표했습니다. 그러나 결국 그런 활동들도 학생이 스스로 관심을 갖고 적극적으로 동참하지 않으면 결과물을 만들어 낼 수 없다는 점에서 볼 때 가정 환경만으로 무조건 유리한 것만은 아닙니다.

그러나 입학사정관의 입장에서 가족과 함께 또는 가족의 지원을 받으며 활동을 할 수 있는 학생에게 좋은 평가를 줄 가능성은 있습니다. 물론 그 가정환경 자체만으로 판단한다거나 금전적인 여유가 있는 것을 판단한다는 것이 아니라, 가족과 함께 소통하고 협력을 하는 법을 익힌 사람들은 사회에서도 자신의 역량을 잘 발휘 할 수 있기 때문에 대학의 입장에서도 환영할 만한 학생이라고 판단 할 수 있는 것입니다. 특히, 가족의 공통되는 관심사나 활동은 그것이 어떤 것이라도 입학사정관제에 활용 될 수 있다는 것을 반드시 기억해야 합니다.

어려운 환경을 극복하면 가장 멋진 포트폴리오

맞벌이 가정과 같이 가정집에서 직접적으로 지원이 어려운 학생들의 경우는 본인 스스로가 여러 가지 활동을 찾아서 하면 됩니다. 반드시 비용이 많이 드는 활동만이 입학사정관제를 대비한 활동이 아니며, 일반 사교육과 같이 돈을 많이 쓰면 그만큼의 결과가 나오는 것도 아니기 때문에 오히려 사회적 약자에게 열린 전형이라고 할 수 있습니다. 더구나 대부분의 대학에서 입학사정관제 합격자들을 발표하면서 어려운 환경에서도 꿈을 잃지 않고 자신이 스스로 할 수 있는 활동을 꾸준히 진행한 학생들에게 더욱 높은 평가를 했다는 것을 명심해야 할 것입니다.

어려운 환경이라서 아르바이트를 하면서 학업을 계속했다면 그런 아르바이트도 자신의 꿈과 연결 지어서 체계적으로 관리를 했다면 아주 멋진 포트폴리오가 될 수 있습니다. 단순히 한 시간에 몇 천원의 가치가 아니라 아르바이트를 통해서 생활의 문제를 해결하면서 자신이 원하는 분야에 대한 관찰과 훈련을 한 것을 잘 정리해 본다면 어려운 환경이란 오히려 축복으로 돌아오게 될 것입니다.

종교관련 활동을 통해서 모티브를 만들어라

한가지 중요한 부분을 생각해 보겠습니다. 바로 종교활동의 문제입니다. 종교계열의 학교가 아닌 이상 종교활동은 입학사정관이판단을 할 수 있는 프토폴리오 자료에 포함시키지 않습니다. 그렇지만 종교색을 띄고 있는 모든 활동을 막는다는 것은 아닙니다. 다만 활동이 포교활동이나 종교생활을 위한 것이라면 제외한다는 의미라는 것을 꼭 기억하고 있어야 할 것입니다. 오히려 종교와 연계된 사회봉사활동이나 각종 활동들은 그 선택의 폭이 크고 리더십을 발휘 할수 있는 활동이 많기 때문에 적절하게 활용하면 매우 유리합니다.

입학사정관제 프로젝트 구상하기

긴 호흡의 스토리를 만들어라

긴 호흡의 스토리 만들기 순서

1) 나의 특기 발견하기, 찾아내기 또는 만들어 보기

2) 사회 직업에 따른 대학 전공분야 설정하기

3) 나의 특기로 장차 성인이 되어 사회에서 할 일을 찾아보기

4) 학년별, 학교별 활동 계획을 짜기

5) 구체적인 활동 계획 만들기

입학사정관제 프로젝트를 진행하는데 중요한 포인트는 '긴 호흡의 스토리를 만들라' 는 것입니다. 이것은 단순히 입시에 도움이 되기 때문에 준비한다기 보다는 학생이 여러 가지 활동을 하는데 심리적인 안정감을 주고 프로젝트를 쉽게 포기하지 않도록 하는 등 여러

가지로 도움이 되기 때문입니다.

자기가 갖고 있는 능력 중에서 좀 더 나은 능력을 찾아라

　스토리를 만들기 위해서는 자신의 특기나 적성을 찾아야 하는데, 학생들을 만나보면 자신이 잘 할 수 있는 것이 별로 없다는 식으로 생각하는 학생들이 의외로 많았습니다. 그러나 자신의 특기가 반드시 다른 사람들보다 월등한 그 무엇을 갖고 있어야 될 필요는 없습니다. 단지 자신이 갖고 있는 것들 중에서 다른 것보다 좀 더 나은 것이 있다면 그것이 바로 자신의 특기라는 것을 알아야 할 것입니다.

　'긴 호흡의 스토리' 란 프로젝트를 시작한 이후부터 중학교나 고등학교 전 학년을 관통하여 대학 입시에 이르기까지 일관된 프로젝트 계획을 짜는 것입니다. 입학사정관제는 물론 결과물도 중요시 하지만 그 결과를 도출하기 위한 학생의 열정과 노력, 인내심과 끈기와 같은 과정에 큰 비중을 두고 있습니다. 때문에 그냥 단순한 특기활동만 나열하는 것보다는 체계적으로 하나의 목표를 향해서 꾸준히 앞으로 나아가는 모습을 입학사정관들에게 보여 주는 것이 아주 중요합니다. 그리고 학생에게도 단순한 취미 수준의 프로젝트를 하는 것보다는 내가 지금 무엇을 하고 있는가에 대한 분명한 의식을 갖고 미래의 명확한 목표를 향해서 가는 것이 오랜 기간 지치지 않고 멋진 결과를 만들어 낼 수 있는 방법이 될 것입니다.

긴 호흡의 스토리 구성의 예

이 학생의 현재 상태에 대해서 검토해보겠습니다.

· 성적 : 현재 중학교에서 12%~20%내외의 성적을 유지하고 있으며, 점수로 전과목 평균85~90점선으로 중상위권에 위치하고 있습니다. 수학과 영어 점수가 다 좋지 않은 편이지만 그 중에서 수학에 좀 더 관심을 갖고 있다고 합니다. 이 정도의 성적이 그대로 유지된다면 일반계 고등학교에 진학해서 수도권의 일반대학 중위권 학과나 전문대학의 상위권 학과에 진학이 가능한 수준입니다.

· 특기 : 특별하게 특기는 없는 것으로 보입니다. 다만 만들기를 좋아해서 초등학교 때는 자주 만들어보았고 중학교 때는 학교 축제에 전시용으로 만든 작품이 호평을 받았습니다. 그리고 전투기나 탱크와 같은 무기류의 프라모델을 많이 만들어 보았기 때문에 전쟁사에 대한 서적을 많이 읽은 것이 특기 사항입니다.

긴 호흡의 스토리 만들기

· 특기 : 만들기에 관심이 있는 것을 집중적으로 개발하는 것이 좋겠습니다. 그런데 초등학교 때와 같은 무기류 프라모델류에 대한 만들기를 계속 해보는 것과 중학교에서 만들어보았던 건축물 만들기를 계속해보는 것으로 나눌 수 있습니다.

1. 무기류 프라모델 만들기와 공학적 탐구 :
공대 기계공학과 등 관련 학과 목표

무기류 프라모델은 단순히 프라스틱 부속들을 접착제로 붙여서 완성품을 만드는 것보다 더욱 큰 의미가 있는 작업이 될 수 있습니다. 앞서 학생이 읽은 전쟁사(戰爭史)와 연결되면 상당한 무게감이 있는 프로젝트를 하게 되는 것입니다.

그렇다면 우선 중학교 3학년 때는 기존 프라모델 중에서 난이도가 있는 모델을 만들어보면서 관련 전쟁사에 대한 서적을 좀 더 탐독합니다. 그리고 고등학교에 진학해서는 기존 프라모델이 아니라 전동으로 작동이 가능한 모델을 제작하는 것을 시도해 보는 것이 좋을 것입니다. 방학 때를 이용하여 다양한 모델을 제작하고 관련 전쟁사를 요약하여 전투장면을 재현한 '디오라마'를 제작하여 학교 축제나 지역 축제등에 전시를 하는 것을 프로젝트로 해봅니다. 그리고 이런 프로젝트는 혼자서 하기 힘든 점도 있고 공동작업을 통한 리더십을 기르기 위해서 동아리를 만들거나 '디오라마 카페'를 만들어 관심이 있는 친구나 후배들을 모아서 함께 작업을 해 봅니다. 그리고 그 콘텐츠에는 반드시 제작한 프라모델과 관련된 전쟁사를 잘 정리해서 게시해 봅니다.

이 작업을 하다가 관련 대회나 행사가 알려지면 적극적으로 참여해 봅니다. 이런 제작과 관련된 공식적인 대회로 가장 권위 있는 것이 국립과학관과 각 지역의 과학원에서 진행하는 '학생과학발명품대회' 나 '청소년과학탐구대회' 등이 있습니다. 대부분 개인 참가보다는 동아리를 위주로 하여 참가하기 때문에 다른 친구들과의 팀워크도 다질 수 있어서 참가해보면 많은 도움이 됩니다. 특히 국가에서 공식적으로 인정하는 대회이기 때문에 수상실적이 당연히 학생부에 기록이 됩니다.

그리고 이런 작업을 지속적으로 하면서 관련 전문잡지나 신문 등에 투고를 할 수 있습니다. 이 때는 단순하게 자신이 만든 완성품에 대한 설명과 같은 내용이 아니라 그 완성품에 얽힌 뒷 이야기나 역사적 의미등에 대한 내용으로 전문화 하는 것이 좋습니다. 현재 우리나라에는 프라모델 관련 잡지가 여러 종류 발행되고 있어서 정기적인 투고도 가능한 상황입니다.

이 프로젝트의 포트폴리오는크게 두 가지로 나뉘어 작성될 수 있습니다.

가) 작동 프라모델 제작과 관련된 기계공학적 탐구의 내용

나) 전시회 개최 및 동아리(인터넷 카페)운영과 관련된 리더십 활동

2. 무기류 디오라마 제작 및 역사학적, 사회학적 탐구 :
사학, 사회학등 인문과학 학과

프라모델 만들기 보다는 프라모델들의 역사적 사실과 사회학적 현상등에 집중해서 프로젝트를 진행하는 방향으로 문과적 소양에 집중하는 방법입니다. 기본적인 프로젝트 진행은 위의 공학계열 프로젝트와 비슷하게 진행하면 되지만 전시 또는 동아리 활동을 역사적인 사실에 집중해서 전개하면 됩니다. 문과적 소양에 강한 학생들 중에서도 의외로 만들기와 같은 공학적 능력이 출중한 학생들이 많이 있습니다. 그러나 그런 부분은 취미로 하게 되고 역사적, 사회학적인 사실에 집중하면 됩니다.

BOB&밀리터리 매니아(cafe.daum.net/dlwlwndeo333) - 전쟁사(戰爭史)와 밀리터리 카페

포털 다음의 'BOB&밀리터리 매니아'(cafe.daum.net/dlwlwndeo 333)의 운영을 참고하면 좋을 것입니다. 이럴 경우 역사학과나 사회학과등에 지원이 바람직합니다.

3. 건축 관련 모델 만들기 : 건축 이나 토목공학과 목표

전쟁 무기를 중심으로 하는 프라모델보다 각종 건축물등을 축소한 모형을 조립할 수 있는 키트가 시중에 다량으로 나와있습니다. 그리고 우리나라를 비롯해서 세계 각국의 건축물들을 만들다 보면 세계 역사에 대해서도 관심을 갖게 되고 인문학적인 지식도 쌓을 수 있습니다. 특히 이런 건축물 모형을 만드는 동아리를 만들어서 대형 세트를 완성해서 학교에 교육 전시용으로 기증 해보는 것도 좋습니다. 또한 이런 활동은 교육적으로도 매우 훌륭하기 때문에 지역의 불우 학생들을 대상으로 하는 공부방 등에서 매주나 매월 정기적으로 학생들에게 강습을 해주는 것도 무척 좋습니다.

4. 포트폴리오 만들기

포트폴리오는 자신이 그동안 만들어 놓았던 완성품들에 대한 사진을 중심으로 작성합니다. 물론 작품 사진들은 행사나 각종 대회와 관련된 것으로 하며, 공공기관 등에서 공식적으로 인정하지는 않더라도 민간 단체나 기업 등에서 개최한 행사나 대회의 실적도 반드시 함께 포트폴리오로 작성합니다. 특히 만든 작품과 관련된 역사적, 지리적 상황에 대해서도 잘 정리해서 제시합니다. 그리고 중요한 내용이 지역 공부방 등을 통해서 불우한 어린이들에게 정기적으로 강습을 해준 경험인데 이런 봉사활동을 하다 보면 입시를 위한 실적에 앞서서 자신이 갖고 있는 것으로 다른 사람에게 도움을 줄 수 있었다는 것에서 큰 자부심과 긍지를 갖게 됩니다. 이런 각종의 사례들을 포트폴리오로 엮을 때는 단순하게 ×월 ×일부터 ×일간과 같이 사무적으로 기재하는 것보다는 보다 상세하게 본인의 느낌과 다른 사람들의 반응등을 기재하는 것이 좋습니다.

이렇게 별도로 만든 포트폴리오는 1차 서류전형에는 제출하지 못하는 경우가 대부분입니다. 대부분의 대학에서 1차 접수는 인터넷으로만 받고 그나마 증빙서류도 매수제한을 하기 때문입니다. 그러나 1차 심사에서 합격하고 나서 2차 면접에 들어갈 때 준비를 해두었다가 면접 때 기회를 보아 자신의 설명을 뒷받침하는 자료로서는 사용이 가능합니다. 물론 학교에 따라서 면접때 사용하지 못하게 하는 경우도 있지만 학교마다, 면접관에 따라 다른 경우도 있으니 일단 준비를 하는 것이 좋습니다.

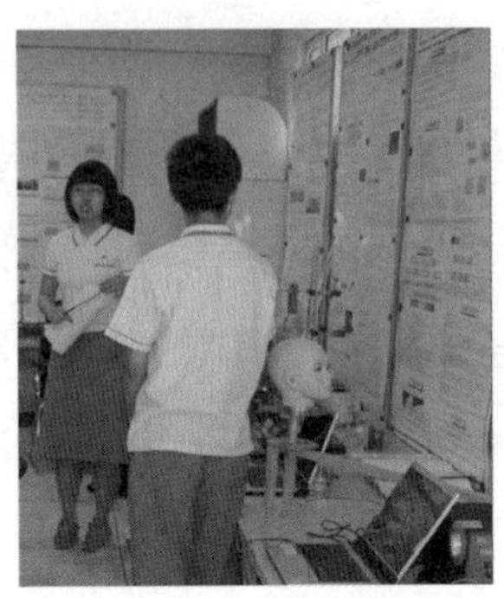

과학전람회의 포트폴리오 심사 모습

(대입 전형때와는 다르지만 이 정도의 준비가 필요합니다)

5. 학과 성적

　서울의 상위권 대학을 목표로 할 경우 학교성적은 전교 학생 기준 11% - 2등급 이내로 유지 할 수 있도록 합니다. 그러나 주의해야 할 것은 다른 과목보다 이과를 지망할 경우 과학과 수학, 문과를 지원할 경우 영어와 사회 과목은 반드시 1등급을 유지해야 합니다. 또한 입학사정관제는 수능을 보지 않아도 되는 수시전형에 속해 있기 때문에 수능 점수가 크게 문제되지는 않지만 학교에서 정기적으로 치르는 모의 수능점수는 신경을 써서 관리하는 것이 유리합니다. 대학에서 내신점수외에 모의 수능점수도 입학사정관의 참고사항이 될 수 있기 때문에 내신 등급 수준의 점수를 확보하는데도 신경을 써야 합니다.

학생시절은 다양한 호기심, 관심과 더불어 아직은 많이 부족한 사회생활의 경험이 공존할 때입니다. 그렇다 보니 자신이 하는 일에 쉽게 지치거나, 의지와 확신이 약해져서 중도에 포기하는 일이 아주 많이 생겨납니다. 그럴 때는 긴 호흡으로 앞날의 비전을 봄으로써 중도에서 좌절하거나 낙심하는 상황을 극복하도록 해야 합니다.

입학사정관제 프로젝트와 내신의 힘

내신은 자신을 증명할 기본적인 요소

입학사정관제를 통해서 대학의 문을 열려고 하는 학생들에게 우선적으로 당부해야 할 점이 바로 내신점수의 확보라는 것입니다. 각 대학의 입학사정관들이 이구동성으로 당부하는 점이 내신성적의 안정적인 확보입니다. 아무리 프로젝트를 활발하게 잘 준비했다고 하더라도 고등학생으로서 갖춰야 할 기본적인 소양을 갖추지 못했다면 그 학생은 대학에 와서 제대로 된 수업을 따라 갈 수 있을지에 대해서 의문을 품을 수밖에 없다는 말입니다.

과학고나 외고 등 특목고 학생들의 경우는 입학 당시부터 일정 수준 이상 되는 실력이 검증된 상태이기 때문에 내신성적이 상대적으로 좋지 않아도 기본적인 학습소양을 인정해 줄 수 있습니다. 그러나 일반계 고등학교에서는 학교별로 학생들의 실력의 격차가 크기 때문에 특목고 학생들과 비슷한 수준의 프로젝트를 했다고 해도 내신에서는 석차등급이 높아야 되는 것은 당연합니다.

대학은 특이한 학생들보다는 능력 있는 학생을 원한다

최근 들어 인기 연예인들이 수시 특기자전형이나 입학사정관 전형으로 대학에 합격하는 경우가 많아졌습니다. 연예계활동을 하는 고등학생들의 경우는 학교 수업을 충실하게 따라가기 힘이 듭니다. 때문에 대학측에서도 이런 연예인의 입학은 학교 홍보에 도움이 된다는 정도로 판단을 하고 인지도, 유명세를 중심으로 하여 심사를 하기 마련입니다.

그러나 일반 학생들의 경우는 경우가 다르다고 할 수 있습니다. 예외적으로 학교의 이미지를 위해서 학생을 선발하는 경우를 제외하고는 '공부도 잘하면서 다른 능력도 출중한' 학생을 뽑고자 한다'는 것입니다. 때문에 입학사정관 전형을 하는 학교들의 경우도 대부분 내신성적을 상당히 중요시 한다고 설명하고 있습니다. 간단히 말하면, 같은 수준의 특기와 여정을 갖고 있는 학생이라면 내신이 높은 학생이 선택되며, 비슷한 수준의 내신성적을 갖고 있는 학생이라면 특기, 적성 프로젝트나 스펙을 갖고 있는 학생을 선발한다는 것입니다.

내신도 발전하는 학생과 장점을 살린 학생을 선택한다

　내신성적은 1년에 4회의 중간 기말 시험을 모두 합한 것입니다. 그런데 일반 전형에서는 각 학교별로 정해진 방법으로 전체 성적을 하나의 점수로 환산하지만 입학사정관들은 각각의 성적을 하나의 흐름으로 보고 판단합니다.

　즉, 1학년때보다 2학년때가, 2학년때 보다 3학년때 성적이 오르면 전체 환산 점수는 같다고 하더라도 더 높은 평가를 합니다. 또한 이과 학생이라면 수학과 과학과목의 성적이 높은 것을 우선하고, 문과 같으면 영어와 사회 과목의 성적을 먼저 봅니다.

대학별 입학사정관 전형 소개

부 록

선도 대학

※입학사정관 전형을 실시하거나 입학사정관이 전형과정에 참여하는 대학(2010학년 전형자료)

대학	모집시기	전형유형	인원	전형요소별반영비율(100%)
가톨릭대	수시1차	잠재능력우수자전형	84	1단계: 서류평가 100 2단계: 1단계성적 60, 인터뷰 및 토론평가 40
		재외국민과외국인	14	성심교정 외국인: 면접(구술) 100 간호학과 외국민: 필답(국어,영어) 100, 면접(구술)실시 외국인: 면접(구술) 50, 서류전형 50 신학과 재외국민및외국인: 서류전형 100, 면접(구술)
		특기자전형	68	1단계: 서류심사 100 2단계: 1단계성적 60, 면접구술 40
	수시2차	가톨릭교회지도자추천	44	학생부 60, 서류평가 40
	정시(가)	교육기회균등	17	학생부 30, 수능70
		국가유공자 및 자손	12	학생부 30, 수능70
		농어촌학생	69	성심교정: 학생부 30, 수능 70 간호학과: 학생부 30, 수능 70 신학과 : 학생부 50, 수능 45, 교리 5
		만학도	32	면접구술 70, 논술30
		수도자	23	성심교정: 면접구술 40, 논술 60 간호학과: 학생부 30, 수능 70 신학과: 학생부 70, 교리 30
		전문계고교출신자	69	학생부 30, 수능 70
		특수교육대상자	10	학생부 30, 수능 40, 면접구술 30
건국대(서울)	수시1차	KU입학사정관전형 I (리더십)	30	1단계: 서류평가 100 2단계: 심층면접 100
		KU입학사정관전형 II (자기추천)	60	1단계: 서류평가 100 2단계: 심층면접 100
		KU입학사정관전형III(예술)	5	1단계: 서류평가 100 2단계: 예술테스트 + 심층면접 100
		KU입학사정관전형IV(차세대해외동포)	30	1단계: 서류평가 100 2단계: 심층면접 100
		농어촌학생전형	120	1단계: 학생부 100 2단계: 서류 + 면접 10
		재외국민과외국인전형	60	1단계: 서류심사 100 2단계: 심층면접 100
		특수교육대상자전형	20	1단계: 서류심사 100 2단계: 심층면접 100
고려대	수시1차	World KU	50	서류 50, 고등학교 성적 50
		과학영재전형	130	1단계: 학생부(교과) 40, 서류평가 60

대학	모집시기	전형유형	인원	전형요소별반영비율(100%)
고려대	수시1차	과학영재전형	130	(모집단위별 모집인원의 3~5배수 선발) 2단계: 1단계 성적 50, 면접 50 ※1단계 성적으로 일정 인원을 우선선발할 수 있음
		세계선도인재전형	200	1단계: 어학또는AP 40, 학생부(서류) 60 (모집단위별 모집인원 3배수 선발) 2단계: 1단계 성적 70, 면접30
		체육특기자전형	45	1단계: 학생부(교과) 40, 서류(특기) 60 2단계: 1단계 성적 50, 면접 50
		학생부우수자전형	450	1단계: 서류 100 (모집단위별 모집인원 2배수내외 선발) 2단계: 1단계 성적 70, 면접30
	수시2차	교육기회균등전형	30	1단계: 서류평가(학생부 교과) 100 (모집인원의 5배수 내외 선발) 2단계: 1단계성적 40, 서류 10, 면접 50
		사회공헌자전형	30	1단계: 학생부(교과) 100 (5배수내외를 선발함) 2단계: 1단계성적 60, 서류 및 면접 40
	정시(가)	농어촌학생전형	150	1단계: 수능75, 학생부(교과 및 비교과) 25 (모집단위별 모집인원 2배수 내외 선발) 2단계: 1단계성적 80, 서류 및 면접 20
동국대	수시1차	기회균형선발	27	1단계: 학생부 100(5배수 선발) 2단계: 1단계 성적 80, 일반면접 20
		다문화가정자녀	5	학생부 30, 서류심사 30, 면접40
		리더십	64	1단계: 교과80, 비교과 20, 5배수선발 2단계: 1단계 성적 80, 심층면접 20
		불교계추천	83	1단계: 학생부 100(5배수 선발) 2단계: 1단계 성적 80, 심층면접 20 승려의 경우 일괄합산전형으로 학생부 80, 일반면접20
		자기추천	69	1단계:서류심사 100(3배수선발) 2단계:1단계 성적60, 면접 40
		전문계고교출신자	80	1단계:학생부 100(5배수 선발) 2단계:1단계 성적 80, 심층면접 20
	수시	재외국민	54	1단계:필답고사 100(5배수 선발) 2단계:1단계 성적 80, 면접 20
서울대	수시	기회균형선발특별전형	140	1단계 : 서류평가(평가서류: 학교생활기록부, 추천서, 자기소개서, 실기고사 결과 (미술대학, 음악대학), 기타 증빙서류) 2단계 : 서류평가와 면접고사(사범대학의 경우 교직적성.인성검사 포함) 결과를 종합적으로 평가

대학	모집시기	전형유형	인원	전형요소별반영비율(100%)
서울대	수시	기회균형선발특별전형	140	(제출서류 내용 등을 참고하여 지원자의 전공 적성 및 기초적인 학업수행능력, 모집단위 전공관련에 대하여 평가)
		외국인/북한이탈주민특별전형	173	통합전형을 실시하며 서류평가, 면접고사, 실기능력(예체능계열 모집단위)을 종합적으로 고려하여 평가함. (평가서류: 대학수학능력시험 성적, 학교생활기록부(제출 가능한 경우에 한함), 추천서, 자기소개서, 실기고사 결과(미술대학, 음악대학), 기타 증빙서류 면접내용: 제출서류 내용 등을 참고하여 지원자의 전공 적성 및 기초적인 학업수행능력, 모집단위 전공관련에 대하여 평가)
	정시(나)	특수교육대상자특별전형	18	통합전형을 실시하며 서류평가와 면접고사(사범대학의 경우 교직적성.인성검사 포함)결과를 종합적으로 고려하여 평가함. (평가서류: 대학수학능력시험 성적, 학교생활기록부(제출 가능한 경우에 한함), 추천서, 자기소개서, 실기고사 결과(미술대학, 음악대학), 기타 증빙서류 면접내용: 제출서류 내용 등을 참고하여 지원자의 전공 적성 및 기초적인 학업수행능력, 모집단위 전공관련에 대하여 평가)
성균관대	수시1차	과학인재	191	이공계: 학생부 40, 서류평가 30, 사고력평가(수학/과학) 30 의예과: 1단계 700 학생부 40 서류평가 30 2단계 100 1단계 전형 70, 면접 30
		글로벌리더	230	1단계(700): 학생부 40 서류평가 30 2단계(100): 1단계전형 70, 면접 30
		동양학인재	30	1단계(70): 학생부 40 서류평가 30 2단계(100): 1단계전형 70, 면접 30
		리더십특기자	80	1단계(700): 학생부 40, 서류평가 30 2단계(100): 1단계전형 70, 면접 30
		사회봉사특기자	5	1단계(700): 학생부 40 서류평가 30 2단계(100): 1단계전형 70, 면접 30
		성균나라사랑	20	1단계(700): 학생부 40 서류평가 30 2단계(100): 1단계 전형: 70 면접 30
		연기예술특기자	5	1단계(700): 학생부 40 서류평가 30 2단계(100): 1단계 전형 70, 면접 30
		영상특기자	5	1단계(700): 학생부 40 서류평가 30 2단계(100): 1단계 전형: 70 면접 30
		자기추천자	20	1단계(700): 학생부 40 서류평가 30

대학	모집시기	전형유형	인원	전형요소별반영비율(100%)
성균관대	수시1차			2단계(100): 1단계 전형 70, 면접 30
		체육특기자	40	1단계(700): 학생부 40, 서류평가 30 2단계(100): 1단계 전형 70, 면접 30
	수시	순수외국인	0	서류평가 100
		재외국민 및 외국인	69	1단계: 필답고사 90 2단계: 1단계전형 90, 서류평가 · 면접 10
숙명여대	수시1차	글로벌리더십 전형(글로벌서비스학부)	39	1단계 서류심사 100 2단계 서류 60, 영어면접 40
		자기추천자 전형(리더십우수자)	20	1단계: 서류심사 100(3배수 선발) 2단계: 1단계심사 60, 면접시험 40
		자기추천자 전형(인문소양우수자)	20	1단계 서류심사 100 2단계 논술 100
		자기추천자 전형(특정역량우수자)	10	1단계 서류심사 100(3배수 선발) 2단계 1단계 서류심사 60, 면접 40
		전문계고교출신자 전형	113	학생부 100
		지역핵심인재 전형	234	서류심사 100
		농어촌학생 전형	91	학생부 100
		섬김사랑 전형	23	학생부 100
연세대 (서울)	수시1차	재외국민(중고교과정 해외이수자) 전형	30	서류 100
	수시2차	재외국민(전과정해외이수자) 전형		서류(실기) 100
		재외국민(중고교과정 해외이수자) 전형	38	1단계: 필기(실기) 100 2단계: 필기(실기) 50, 서류 50
	수시1차	글로벌리더 전형	496	서류평가 60, 논술40
		조기졸업자	200	서류평가 60, 논술40
	수시2차	사회기여자 전형	20	1단계: 서류 60 2단계: 서류 60, 면접 40
		사회적배려대상자 전형	50	학생부 70, 서류 30
		언더우드국제대학 전형	97	1단계: 서류 100 2단계: 서류 60, 면접 40
		연세한마음 전형	100	학생부 70, 서류 30
		진리 · 자유 전형	344	1단계: 교과100(2배수 내외) 2단계: 서류100(서류로 선발인원의 50 내외 선발) 3단계: 서류v90, 면접 10 (서류 및 면접으로 나머지 선발)
	수시	외국인 전형		서류(실기) 100
연세대(원주)	수시1차	동아시아국제학부 전형	40	1단계: 서류 100 2단계: 서류 60, 영어면접 40

대학	모집시기	전형유형	인원	전형요소별반영비율(100%)
연세대(원주)	수시1차	영어능력우수자 전형	30	1단계: 서류평가 100 2단계: 서류평가 60, 면접 40
		특기자 전형	5	1단계: 서류 100 2단계: 서류 50, 면접 50
	수시2차	사회기여자 및 사회적배려대상자 전형	26	학생부 60, 논술 40
		연세한마음 전형	30	서류평가 60, 논술 40
		조기졸업자 전형	10	서류평가 40, 논술 60
		지역고교우수자 전형	50	서류평가 40, 논술 60
울산 과기대	수시1차	입학사정관제 1군 (과학영재 및 글로벌 리더 전형)	250	1단계: 학생부 및 종합서류평가 100 2단계: 1단계성적 70, 면접 30
		입학사정관제 2군 (지역고교 출신자 전형)	38	1단계: 학생부 및 종합서류평가 100 2단계: 1단계성적 70, 면접 30
		입학사정관제 3군(탈북자,다문화가정자녀,소년소녀가장 등 사회적 배려대상자)	28	1단계: 학생부 및 종합서류평가 100 2단계: 1단계 성적 70, 면접 30
	수시2차	입학사정관제4군(학교성적우수자)	260	1단계: 학생부 및 종합서류평가 100 2단계: 1단계 성적 70, 면접 30
	수시	입학사정관제 5군(외국인 전형)	24	1단계: 학생부 및 종합서류평가 2단계: 1단계 성적 100, 면접 합/불
이화여대	수시1차	고교추천	100	1단계: 학생부 50, 추천서,증빙서류 50 2단계: 학생부 40, 추천서,증빙서류 40, 구술면접 20
		국제학부 I	70	1단계: 서류 100 2단계: 서류 60, 면접 40
		미래과학자	150	1단계: 학생부 37.5, 증빙서류 62.5 2단계: 학생부 30, 증빙서류 50, 구술면접 20
		이화글로벌인재	250	1단계: 학생부 37.5, 증빙서류 62.5 2단계: 학생부 30, 증빙서류 50, 구술면접 20
		특수재능우수자	30	1단계: 서류100 2단계: 서류 80, 구술면접 20
	수시2차	스크랜튼학부	30	1단계: 서류100 2단계: 서류 60, 구술면접 40
	정시(가)	국제학부 II	10	1단계: 서류 100 2단계: 서류 60, 면접 40
		사회기여자	20	인문.자연계열,의류학과: 학생부 20, 수능 60, 면접20 예체능계열(의류학과 제외): 수능 40, 실기50, 면접 10
중앙대(서울)	수시1차	글로벌리더	196	1단계: 공인영어성적 100

대학	모집시기	전형유형	인원	전형요소별반영비율(100%)
중앙대(서울)	수시1차	글로벌리더	196	2단계: 1단계 성적: 40, 영어면접 60
		다빈치형인재전형	100	1단계: 서류평가 100 2단계: 1단계 70, 심층면접 30
		학업우수자	260	1단계: 학생부 100(교과80, 비교과20) 2단계: 1단계 성적 40, 학업적성면접 60
중앙대(안성)	수시1차	글로벌리더	26	1단계: 공인영어성적 100 2단계: 1단계 성적 40, 영어면접 60
		다빈치형 인재전형	20	1단계: 서류평가 100 2단계: 1단계 70, 심층면접 30
		지역인재	33	서류심사 100
		학업우수자	183	1단계: 학생부 100(교과80, 비교과20) 2단계: 1단계성적: 40, 학업적성면접 60
포항 공과대	수시	일반전형	300	1단계(3배수): 서류 100 2단계: 잠재력평가면접 100(일부 수학및과학 심층면접)
		재외국민특별전형	6	1단계: 서류 100 2단계: 면접구술고사 100
한국 외국어대 (서울)	수시1차	U-PEACE국제전문가	20	논술 50, 심층면접 50
		글로벌인재	170	1단계: 서류평가 100 2단계: 1단계 성적 60, 심층면접 40
		리더십및사회통합	47	1단계: 학생부 100 10배수 선발 2단계: 학생부40, 서류20, 심층면접40
		자기추천자	10	학생부20, 실적평가 40, 심층면접 40
	정시(나)	기회균형선발	33	수능 80, 학생부 20
		농어촌학생	67	수능 80, 학생부 20
한국 외국어대 (용인)	수시1차	경인지역인재	120	1단계: 학생부 100, 7-8배수 2단계: 학생부 40, 심층면접 60
		글로벌인재	52	1단계: 서류평가 100 2단계: 1단계성적 60, 심층면접 40
		자기추천자	6	학생부 20, 실적평가 40, 심층면접 40
	정시(나)	기회균형선발	34	수능 80, 학생부 20
		농어촌학생	68	수능 80, 학생부 20
한동대	수시1차	대안학교 전형	30	1단계: 서류심사 100 2단계: 서류심사 50, 면접구술고사 50
		선교사자녀 전형	40	1단계: 서류심사 100 2단계: 서류심사 50, 면접구술고사 50
		외국어고, 국제고, 자립형사립고, 민족사관학교, 과학고출신자 전형 추천학생(학교장/교사/목회자추천)	30	1단계(서류심사합격자) 서류심사 100 2단계 서류심사 50 면접 및 구술고사 50 1단계: 서류심사 100

대학	모집시기	전형유형	인원	전형요소별반영비율(100%)
한동대	수시1차	전형 인문사회계열 추천학생(학교장/교사/목회자추천)	100	2단계: 서류심사 50, 면접구술고사 50 1단계: 서류심사 100
		전형 자연계열	110	2단계: 서류심사 50, 면접구술고사 50
		해외학생 전형	35	1단계: 서류심사 100 2단계: 서류심사 50, 면접구술고사 50
	수시2차	공연영상특기자 전형	2	1단계: 서류심사 100 2단계: 학생부 교과 30 수상실적 30, 면접 및 구술고사 40
		국가(독립)유공자 및 (손)자녀 전형	5	1단계: 서류심사 100 2단계: 서류심사 50, 면접구술고사 50
		글로벌리더장학생 전형	20	1단계: 서류심사 100 2단계: 서류심사 50, 면접구술고사 50
		기회균형선발 전형	7	1단계: 서류심사 100 2단계: 서류심사 50, 면접구술고사 50
		농어촌목회자자녀 전형	25	1단계: 서류심사 100 2단계: 서류심사 50, 면접구술고사 50
		농어촌학생 전형	29	1단계: 서류심사 100 2단계: 서류심사 50, 면접구술고사 50
		산업미술특기자 전형	2	1단계: 서류심사 100 2단계: 학생부 교과 30 수상실적 30, 면접 및 구술고사 40
		어학특기자 전형	20	1단계: 서류심사 100 2단계: 서류심사 50, 면접구술고사 50
		자기추천 전형	20	1단계: 서류심사 100 2단계: 서류심사 50, 면접구술고사 50
		지역학생 전형	40	1단계: 서류심사 100 2단계: 서류심사 50, 면접구술고사 50
		수시 재외국민과 외국인	14	1단계: 서류심사 100 2단계: 면접구술고사 100
KAIST	1차 ('09.5~8)	학교장추천전형	150	1단계: 서류 및 방문면접 (학생부 비교과, 학교장 추천서, 담임 의견서 등) 2단계: 심층면접
	2차 ('09.9~12)	일반전형	750	1단계: 서류 (학생부, 공인영어성적, 자기 소개서, 교사추천서, 우수성 입증 자료 등) 2단계: 심층면접
	3차 ('10.1~4)	외국고학생전형	70	1단계: 서류(고교성적, SAT성적, 공인 영 어성적, 자기소개서, 교사추천서, 우수성 입증 자료 등) 2단계: 심층면접
	('09.4~10)	외국인학생전형	50	1단계: 서류(고교성적, 자기소개서, 교사 추천서, 우수성 입증 자료, 공인 영어성적 등) 2단계: 심층면접

계속지원 대학

대학	모집시기	전형유형	인원	전형요소별반영비율(100%)
건국대 (충주)	수시	지역인재선발	200	1단계(300): 학생부교과(40), 비교과60 최종: 1단계평가 30, 서류평가30, 인적성검사 및 심층면접(40)
건양대	수시	입학사정관전형(KYU꿈의전형)	163	1단계: 서류100 2단계: 1단계 50 심층면접 50
경북대	수시1차	농어촌학생전형	125	1단계(200): 학생부 100 2단계: 학생부 50, 면접구술 50
		리더십우수자전형	20	1단계: 300 학생부100 2단계: 학생부 50, 면접구술 50
		이웃사랑전형	39	1단계: 300 학생부 100 2단계: 100 학생부50, 면접구술 50
		전문계고교출신자전형	114	1단계: 200 학생부 100 2단계: 100 학생부50, 면접구술 50
		농어촌학생전형	72	1단계: 200 학생부 100 2단계: 100 학생부 50, 면접구술 50
		이웃사랑전형	11	1단계: 300 학생부 100 2단계: 100 학생부 50, 면접구술 50
		전문계고교출신자전형	83	1단계: 200 학생부 100 2단계: 100 학생부 50, 면접구술 50
경원대	수시1차	교육기회균형	32	면접 50, 학생부 30, 서류심사 20
		리더십	81	1단계: 학생부 100(5배수) 2단계: 1단계 성적 50, 면접 50
		영프론티어(입학사정관제)	40	1단계: 서류심사 60, 학생부 40(3배수) 2단계: 1단계 성적 50, 심층면접 50
		취업자 · 공무원(입학사정관제)	53	면접 50, 학생부 30, 서류심사 20
경희대(서울)	수시1차	과학인재전형	20	학생부 20, 서류평가 40, 논술 40
		국제화전형	150	서류평가 60, 심층면접 40
		네오르네상스	72	1단계(300): 서류평가 1000 2단계: 1단계성적 60, 면접 40
		재외국민	47	필답고사 100(세부사항 추후 확정)
	정시(나)	사회배려대상자전형(기회균형선발)	70	수능 50, 학생부 교과 20, 서류평가 30
경희대(국제)	수시1차	국제화전형	170	1단계(300):해당외국어성적 100 2단계(100):외국어성적 40, 면접 60
		과학인재전형	7	학생부20+서류평가40+논술40
		네오르네상스전형	70	1단계: 서류평가100 2단계: 1단계성적60, 면접40
	정시(나)	사회배려대상자전형	74	수능50, 학생부교과 20, 서류평가 30

대학	모집시기	전형유형	인원	전형요소별반영비율(100%)
공주대	수시1차	기술혁신인재전형	50	1단계(300%): 학생부 70, 서류평가 30 2단계(100%): 1단계 전형: 70, 심층면접 및 토론 30
		미래산업 인재전형	21	1단계(300%): 학생부 70, 서류평가 30 2단계(100%): 1단계 전형: 70, 심층면접 및 토론 30
		사도전형	27	1단계(300): 학생부 70, 서류평가 30 2단계(100): 1단계성적: 70, 심층면접 30
	수시2차	국가유공자	7	1단계(300): 학생부 70, 서류평가 30 2단계(100): 1단계성적: 70, 심층면접 30
		선·효행자	12	1단계(300): 학생부 70, 서류평가 30 2단계(100): 1단계성적: 70, 심층면접 30
		수상특기	15	1단계(300): 학생부 70, 서류평가 30 2단계(100): 1단계성적: 70, 심층면접 30
	정시(가)	저소득층 본인 또는 자녀	25	1단계(3배수) : 학생부 70, 서류평가 30 2단계 : 1단계 성적 70, 심층면접 30
목포대	수시	네오페스탈로치	23	1단계: 학생부 80(교과50, 비교과30), 자기소개서 20 2단계: 1단계성적 60, 심층면접 40
		농어촌학생전형	37	1단계: 학생부 80(교과50, 비교과30), 자기소개서 20 2단계: 1단계성적 60, 심층면접 40
배재대	수시1차	PCU자기추천	30	1단계: 서류평가 100 2단계: 1단계 50, 심층면접 50
		농어촌학생	93	학생부 100(교과 90, 비교과(출결) 10)
		저소득층 및 자녀	23	학생부 100(교과 90, 비교과(출결) 10)
		전문계고교 졸업자	93	학생부 100(교과 90, 비교과(출결) 10)
부산대	수시	농어촌학생	152	학생부 : 70(교과 60, 비교과 10) 면접구술 : 30
		사회적배려대상자	57	학생부 70(교과 60, 비교과 10), 면접구술고사 30
		저소득층학생	108	학생부 70(교과 60, 비교과 10), 면접구술고사 30
		전문계고교 출신자	51	학생부 : 70(교과 60, 비교과 10) 면접구술고사 30
		효원인재	84	1단계: 학생부(교과 40, 비교과 60) 2단계: 면접구술 100
	수시1차	효원인재전형	7	1단계: 학생부(교과40, 비교과 60) 2단계 : 면접구술 100
	수시	농어촌학생	18	1단계: 지원자격 심사 2단계: 학생부70(교과60, 비교과10), 면접구술 30
		사회적배려대상자	5	1단계: 지원자격 심사 2단계: 학생부70(교과60, 비교과10), 면접구술 30
		저소득층학생	15	1단계: 지원자격 심사 2단계: 학생부70(교과60, 비교과10), 면접구술 30
		전문계고교 출신자	16	1단계: 지원자격 심사 2단계: 학생부70(교과60, 비교과10), 면접구술 30

대학	모집시기	전형유형	인원	전형요소별반영비율(100%)
서강대	수시1차	사회통합 특별전형	16	서류 40, 학생부 20, 면접 40
		알바트로스 국제화 특별전형	82	공인외국어성적 50, 면접 50
		학교생활우수자 특별전형	116	학생부 100
	수시2차	가톨릭지도자추천 특별전형	78	학생부 30, 논술 50, 추천서 20
		기회균형 선발제	32	학생부 80, 서류 20
	수시	외국인		면접 100
		재외국민	32	인문사회 : 논술 50, 영어 50 자연: 논술 50, 수학 50
	정시(나)	기회균형 선발제	32	학생부 25, 수능 65, 서류 10
		농어촌학생 특별전형	65	학생부 25, 수능 75
		사회기여자 특별전형	16	학생부 25, 수능 75
		전문계고교졸업자 특별전형	16	학생부 25, 수능 75
		특수교육대상자 특별전형	32	학생부 20, 수능 70, 면접 10
서울시립대	수시1차	포텐셜마니아 특별전형	32	1단계(5배수): 학생부 50, 서류평가 및 확인면접 50 2단계: 심화다면평가 100
	정시(나)	농어촌학생 특별전형	54	1단계(4배수): 수능 100 2단계: 학생부 30, 서류 30, 면접 40
		전문계고교출신자 특별전형	54	1단계(4배수): 수능 100 2단계: 학생부 30, 서류 30, 면접 40
		특수교육대상자 특별전형(정원외)	3	1단계(4배수): 수능 100 2단계: 학생부 30, 서류 30, 면접 40
		국가유공자및사회적배려대상자	40	1단계(4배수): 수능 100 2단계: 학생부 30, 서류 30, 면접 40
		청백봉사상수상공무원자녀	2	1단계(4배수): 수능 100 2단계: 학생부 30, 서류 30, 면접 40
서울여대	수시1차	바롬예비지도자전형	128	1단계(500): 학생부 33.33, 서류 66.67 2단계: 학생부 16.67, 서류 33.33, 심층면접 50.00
아주대	수시1차	국가유공자 및 사회기여자전형	38	학생부 100(교과 80+비교과 20)
		러프다이아몬드전형	20	1단계: 서류평가 100 (3~4배수 선발) 2단계: 심층면접 100
		아주리더십전형	85	1단계: 학생부 100 (교과/8배수 선발) 2단계: 서류평가 100(3배수 선발) 3단계: 심층면접(100)
		특수교육대상자특별전형	10	학생부(50)+심층면접(50)
	정시(가)	기회균형선발전형	47	1단계: 수능 100(3~4배수 선발) 2단계: 1단계 80, 심층면접 20
	정시(다)	농어촌학생 특별전형	78	전계열: 수능 80, 서류평가 20 의학부: 1단계: 수능 100 [10배수 이내 선발]

대학	모집시기	전형유형	인원	전형요소별반영비율(100%)
아주대	정시(다)			2단계: 1단계 90, 심층면접 10
		전문계고교졸업자특별전형	51	수능 80, 서류평가 20
인하대	수시1차	과학영재학급	20	학생부교과 40, 서류평가 30, 심층면접 30
		기초생활수급자	30	1단계: 학생부 80, 서류평가 20 2단계: 학생부 40 ,서류평가 10, 심층면접 50
		대안학교출신자	14	1단계: 학생부교과 20, 서류평가 80(2배수) 2단계: 학생부교과 10, 서류평가 40, 심층면접 50
		리더십봉사	20	1단계: 특기실적 100(5배수) 2단계: 1단계성적 50, 심층면접 50
		비인가대안학교 및 홈스쿨링	6	1단계: 검정고시성적 20, 서류평가 80(2배수) 2단계: 검정고시정석 10, 서류평가 40, 심층면접 50
		외국어우수자	33	1단계: 특기실적 100(3배수) 2단계: 1단계성적 50, 심층면접 50
		전문계고교출신자	90	1단계: 학생부교과 100(3배수) 2단계: 학생부교과 90 학생부비교과 10
		차세대핵심과학자	30	학생부교과40, 비교과10, 발표평가 50
		특별재능 및 특이경력	10	1단계: 특기실적 100(5배수) 2단계: 1단계성적 50, 심층면접 50
		학생부우수자	200	1단계: 학생부교과 100(3배수) 2단계: 학생부교과 80, 서류평가 20
전남대 (여수)	수시	입학사정관	20	1단계: 학생부 100 2단계: 입학사정관 심사 100
		재외국민과 외국인	17	모집단위별 지정영역 비율
전남대 (광주)	수시	입학사정관	108	1단계: 학생부 100 2단계: 입학사정관 심사 100
		재외국민과 외국인	69	모집단위별 지정영역 비율
전북대	수시	기회균형선발 전형	92	1단계(400): 학생부 100(교과80, 비교과 20) 2단계: 1단계 성적 50, 면접 50
		전문계고교졸업자	115	1단계(400): 학생부 100(교과80, 비교과 20) 2단계: 1단계 성적 50, 면접 50
		큰사람 전형	20	1단계(400): 학생부 100(교과80, 비교과 20) 2단계: 1단계 성적 50, 면접 50
전주대	수시1차	목회자추천자	30	경배와찬양학과:학업계획서 30 ,학생부30,면접40 교회실용교육학과: 학생부60, 면접40
		자기추천자	46	서류 30, 학생부 30, 면접 40
		특기자(게임)	2	면접 20, 학생부 80
		특기자(디자인)	4	면접 20, 실적 80
		특기자(복합유형)	10	면접 20, 실적 80
		특기자(식품조리)	5	면접 20, 자격증 80

대학	모집시기	전형유형	인원	전형요소별반영비율(100%)
전주대	수시1차	특기자(어학)	25	언어문화학부: 면접 20, 실적80 영어교육과: 학생부40, 면접20, 자격증40
		특기자(자격증)	3	면접 20, 학생부 80
		특기자(체육)	50	면접 20, 실적 80
		특기자(한문)	5	면접 20, 자격증 80
	수시2차	국가사회기여자	20	면접 20, 학생부 80
		만학도,주부,취업자	20	면접 20, 학생부 80
		전문계고교출신자	70	면접 20, 학생부 80
조선대	수시1차	농어촌학생 특별전형	193	학생부 71.4, 면접 28.6
		독립유공자 및 국가유공자 특별전형	30	학생부 100
		만학도 및 주부 특별전형	20	학생부 100
		저소득층 특별전형	96	학생부71.4, 면접 28.6
		전문계고교출신자 특별전형	145	학생부 100
		취업경력자 특별전형	30	학생부 71.4, 재직경력 28.6
	수시2차	간호학과 남학생 특별전형	3	학생부 71.4, 면접 28.6
		일반학생전형 (글로벌법학과/기초의과학부)	60	학생부 62.5, 면접25, 자기소개서 12.5
		입학사정관 특별전형	70	학생부 38.5, 면접 15.4 비교과/자기소개서/실적46.1
		특수교육대상자 특별전형	10	학생부 71.4, 면접 28.6
충남대	수시	PRISM인재	111	1단계: 학생부 교과(360점) 200 선발+서류우수자 전체모집인원의 20 이내 추가 선발 2단계: 종합역량평가(심층면접 + 전공적성평가) 100
		농어촌특별전형	150	학생부80 + 면접20
		Global Honors 전형	10	1단계: 학업성취도 30, 한국어능력 20, 잠재성 및 소양 30 2단계: 1단계 점수(80), 심층면적, 전공수학능력 20
충북대	수시1차	우수인재양성전형	113	1단계: 학생부교과 60, 추천서 10, 개별평가서 30 2단계: 1단계성적 60, 면접 40
	수시2차	사회적배려대상자	62	1단계: 학생부100 2단계: 학생부80, 면접20
		전문계고교출신자	124	1단계: 학생부100 2단계: 학생부80, 면접20
		농어촌학생	93	1단계: 학생부100 2단계: 학생부80, 면접20
		특수교육대상자	65	1단계: 학생부100 2단계: 학생부80, 면접20
한림대	수시1차	국제학부전형	15	1단계: 서류 100 2단계: 서류 50, 면접 50

대학	모집시기	전형유형	인원	전형요소별반영비율(100%)
한림대	수시1차	글로벌인재전형(국제학부)	2	1단계: 서류 100 2단계: 서류 50, 면접 50
		생활보호대상자 및 차상위층(정원외)	12	면접 50, 서류 50
		특성화인재전형	75	1단계: 서류 100 2단계: 면접 100
	수시2차	지역핵심인재전형	21	1단계: 서류 100 2단계: 면접 80, 서류 20
	정시(다)	국제학부전형	10	서류 50, 면접 50
한양대 (서울)	수시1차	국제학부	45	1단계(일정배수) : 공인어학성적100 2단계: 어학성적 30, 서류 20, 면접50
		입학사정관전형	30	1단계: 서류 100 2단계: 면접 100 3단계: 위원회 종합평가 100
		재능우수자	37	음악재능: 실기 100 과학재능: 학생부 20, 서류 40, 면접40 무용재능: 학생부 30, 서류70
		특기자(연극영화)	3	서류 80, 면접 20
		특기자(체육)	10	서류 60, 면접 40
		학업우수자	240	1단계(일정배수): 학생부 교과100 2단계:학생부 교과70, 비교과30 의예과 1단계(일정배수) : 학생부100 2단계 : 수리면접50
		한양우수공학인	80	학생부20, 서류30, 면접50
	수시2차	글로벌한양	120	학생부 10, 공인어학성적 40, 면접50
		사랑의실천	36	학생부 50, 논술 50
한양대 (안산)	수시1차	외국어우수자	40	학생부 30, 서류(공인어학성적) 70
		입학사정관전형	10	1단계: 서류 100 2단계: 면접 100 3단계: 위원회 종합평가 100
		재능우수자	56	과학재능: 학생부 20, 서류40, 면접 40 미술재능: 학생부 30, 서류 70 체육재능: 학생부 20, 서류 80 무용재능: 학생부 30, 서류 70
		지역학생	80	1단계(일정배수): 학생부 100 2단계: 입학사정관 종합평가 100
		특기자(체육)	40	서류 60, 면접 40
		학업우수자	300	1단계(일정배수): 학생부교과 100 2단계: 학생부교과 70, 비교과v30

대학	모집시기	전형유형	인원	전형요소별반영비율(100%)
한양대 (안산)	수시2차	사랑의실천	24	학생부 50, 논술 50
	정시(가)	정시가군	47	수능 30, 학생부 30, 실기고사 40
홍익대 (서울)	수시1차	교과성적우수자전형 (캠퍼스자율전공에 한함)	12	1단계: 학생부 100 2단계: 학생부 70, 심층면접 30
		사회적 배려 대상자 (소년.소녀가정/국가유공자)	16	인문계열 1단계: 학생부 100 2단계: 학생부 70, 논술고사 30 자연계열 1단계: 학생부 100 2단계: 학생부 70, 심층면접 30
		수학 · 과학 우수자	31	1단계: 지원자격심사 2단계: 학생부 20, 심층면접 30, 서류 50
		특기자(미술)	4	1단계: 지원자격심사 2단계: 학생부 30, 면접구술 20, 서류 50
		홍익국제화	47	1단계: 지원자격심사 2단계: 학생부 20, 논술고사 30, 서류 50
	수시2차	수학능력우수자 (미술대학 자율전공에 한함)	30	1단계: 학생부 100 2단계: 학생부 80, 서류10, 면접구술 10
	수시	순수외국인 선발	30	인문/자연(예술학과 포함): 서류심사 80, 면접,20 예능: 서류심사 40, 실기 40, 면접20
	정시(나)	일반전형 (미술대학 자율전공에 한함)	70	1단계: 수능100 2단계: 학생부 30, 수능 50, 서류 10, 심층면접 10
홍익대 (조치원)	수시1차	교과성적 우수자 (캠퍼스자율전공에 한함)	7	1단계: 학생부 100 2단계: 학생부 70, 심층면접 30
		사회적 배려 대상자 (소년 · 소녀가정/국가유공자)	16	1단계: 학생부 100 2단계: 학생부 70, 심층면접 30
		수학 · 과학 우수자	10	1단계: 지원자격심사 2단계: 학생부 20, 심층면접 30, 서류 50
		특기자(미술/체육)	33	미술특기자 1단계: 지원자격심사 2단계: 학생부 30, 면접구술 20, 서류 50 체육특기자(골프제외) 1단계: 지원자격심사 2단계: 학생부 40, 실기 60 체육특기자(골프) 1단계: 지원자격심사 2단계: 학생부 40, 실기 20, 서류40
		홍익국제화	20	1단계: 지원자격심사 2단계: 학생부 20, 심층면접 30, 서류 50
	수시	순수외국인(정원외)	20	인문/자연(예술학과 포함): 서류심사 80, 면접 20 예능: 서류심사 40, 실기 40, 면접 20

신규지원 대학

대학	모집시기	전형유형	인원	전형요소별반영비율(100%)
강남대	수시1차	글로벌강남특별	22	1단계(500): 학생부 40, 서류심사 60 2단계: 1단계취득점수 40, 심층면접 60
		리더십강남특별	27	1단계(500): 학생부 40, 서류심사 60 2단계: 1단계 취득점수 40, 심층면접 60
		볼런티어강남	16	1단계(500): 학생부 40, 서류심사 60 2단계: 1단계 취득점수 40, 심층면접 60
		챌린지강남	20	1단계(500): 학생부 40, 서류심사 60 2단계: 1단계 취득점수 40, 심층면접 60
		취업자/만학자	80	서류심사 40, 심층면접 60
		특수교육대상자	21	학생부 50, 심층면접 50
강원대	수시	학생임원활동역임자 (인문사회계 모집단위)	49	1단계(300): 지원자격(가/부)+학생부 100 2단계: 학생부60 + 면접 40
		학생임원활동역임자	39	1단계(300): 지원자격(가/부)+학생부 100 2단계: 학생부60 + 면접 40
광주교대	정시(나)	전남교육감추천전형	50	1단계: 서류심사 100 2단계: 서류심사 40, 개인면접 및 심층 면접 60
광주과기원	수시	일반전형	80	1단계: 서류(학생부, 에세이, 교사추천서, 공인영어성적 등) 2단계: 심층면접(에세이 등)
	정시	일반전형	20	1단계: 서류(학생부, 에세이, 교사추천서, 수능성적 등) 2단계: 심층면접
단국대 (죽전)	수시1차	단국글로벌장학	20	심층면접 : 100
		미술특기자	11	1단계(500): 실적 100 2단계(100): 학생부 50, 실적50
		수학·과학특기자	12	1단계(500): 실적 100 2단계(100): 심층면접 50, 실적50
		어학특기자	135	1단계(500): 실적 100 2단계(100): 심층면접 50, 실적50
		자매결연지역고교출신자	4	학생부 50, 심층면접 50
		창의적인재	40	1단계(500): 실적100(교과 50, 비교과, 자기소개서 등 50) 2단계(100): 심층면접 100
		특이분야특기자	8	1단계(pass전원): 실적100 2단계: 심층면접 60, 실적40
		한문특기자	8	1단계(500): 학생부 40, 실적 60 2단계(100): 심층면접 50, 실적50
	수시	재외국민과 외국인	47	1단계(pass자 전원): 서류심사 100 2단계(100): 심층면접 100

대학	모집시기	전형유형	인원	전형요소별반영비율(100%)
단국대 (천안)	수시1차	경기실적우수자	77	학생부 30, 실적 70
		어학특기자	31	1단계(500) 실적: 100 2단계(100) 심층면접 60, 실적 40
		취업자	18	일반면접+심층면접 : 100
		특이분야	2	1단계(P/F): 실적 100 2단계: 심층면접 60, 실적 40
	수시2차	대학소재지역고교출신자	154	학생부 40, 심층면접 60
부경대	수시	농어촌학생	137	1단계: 학생부 100 2단계: 1단계성적 80, 면접고사 20
		리더십 및 봉사실적우수자	32	1단계: 학생부 100 2단계: 1단계 성적 80, 면접고사 20
		부경글로벌인재	49	1단계: 학생부 40, 서류평가 60 2단계: 1단계성적 60, 면접고사 40
		사회적배려대상자	47	학생부 100
		재능우수자	19	1단계: 학생부 100 2단계: 1단계성적 80, 면접고사 20
		전문계고교출신자	106	1단계: 학생부 100 2단계: 1단계성적 80, 면접고사 20
성신여대	수시1차	경기실적우수자	20	입상실적 80, 학생부 20
		사회기여자	28	학생부 100
		성신리더십우수자	19	1단계 학생부 100 / 2단계 학생부 60, 면접40
		성신챌린저	10	1단계 학생부 40, 서류평가 60 2단계 학생부 · 서류평가 30, 면접 70
	수시	재외국민과외국인(정원외)	44	일반계 · 스포츠레저학과: 면접 100 예능계: 면접 50, 실기고사 50
	정시(가)	기회균형선발(정원외)	29	수능 60, 학생부 40
		농,어촌학생(정원외)	88	일반계: 수능 60, 학생부 40 기악과: 수능 20, 학생부 10, 실기 70
		전문계고교출신자(정원외)	81	일반계: 수능50, 학생부 50 미대: 수능30, 학생부 20, 실기 50
숭실대	수시1차	글로벌인재	114	1단계: 서류평가 100 최 종: 1단계성적 60, 심층면접 40
		특기자	46	특기자별로 상이 하므로 모집요강 참고
	수시2차	사회기여자및배려대상자	12	학생부 교과 70, 면접 30
		특수교육대상자(정원외)	27	학생부 교과 70, 면접 30
진주교대	정시(가)	21C형 교직적성자 선발전형	50	1단계: 서류평가(학생부 40, 자기보고서 및 추천서 60) 2단계: 기숙형 심층면접(그룹형, 개별, 과제형 면접) 3단계: 고교방문 평가

※ 세부내용은 해당대학의 입학요강을 참조하시기 바랍니다(출처: http://uao.kcue.or.kr)

입학사정관제 X-파일

초 판 1쇄 2010년 4월 10일

지은이 이병훈, 한왕근   **기 획** 서정 Contents Agency
펴낸이 김석규   **담당PD** 유철진   **펴낸곳** 매경출판(주)
등 록 2003년 4월 24일(No. 2-3759)
주 소 우)100-728 서울 중구 필동1가 30번지 매경미디어센터 9층
전 화 02)2000-2610(출판팀) 02)2000-2636(영업팀)
팩 스 02)2000-2609   **이메일** publish@mk.co.kr
인쇄·제본 (주)M-print   031)8071-0961

ISBN 978-89-7442-649-1
값 12,000원